中国青少年成长必读

主编◎郭　漫

资治通鉴

精编普及版

对于广大的青少年朋友来说，学习《资治通鉴》的精华，吸取其文笔的精美流畅、内容的丰富翔实、思想的博大精深，具有重大的意义。

航空工业出版社

北京

Foreword 前言

司马光的《资治通鉴》作为一部历史巨著，是中国古代一部实用的政治百科全书。宋英宗治平三年（公元1066年）四月，司马光受命于英宗皇帝，遍阅历代旧史，旁采诸家传记，删繁去冗，举要提纲，历时19年写完全书。从发凡起例到定稿成书，司马光无不躬亲。书成之后，宋神宗以“鉴于往事，有资于治道”，赐名为《资治通鉴》，是我国古代最完善的一部编年体通史。

自从《资治通鉴》问世以来，历代帝王将相都视如珍宝，把它作为必读之书，以资治道。对于广大的青少年朋友来说，学习这部典范之作的精华，吸取其文笔的精美流畅、内容的丰富翔实、思想的博大精深，具有重大的意义。

但是《资治通鉴》的卷本浩如烟海、规模宏大且年代久远，不仅需要足够的时间，还要求读者有一定的阅读能力。因此，本书编者从篇幅浩大的《资治通鉴》中摘取重要段落进行删繁就简，通过简明的体例、精练的文字、新颖的版式、精美的图片等多种要素有机结合，将这部文学巨著全方位地展现在读者面前。

本书所选故事在尊重原著的基础上，更注重适合青少年朋友的品味和需求，增强了故事的生动性和趣味性，在选择材料的过程中做到网罗宏富，取材精审，并按时间先后叙述史事，用追叙和终言的手法说明史事的前因后果，容易使人得到系统而明晰的印象。它的内容以政治、军事的史实为主，借以展示历代君臣治乱、成败、安危之迹，作为历史的借鉴。本书在叙述历代统治阶级活动的同时，也叙述了各族人民的生活与斗争。

本书为读者打造了一条读史明志、传承文明的彩色通道，使读者在轻松获取知识的同时，为其提供了更广泛的文化视野、审美感受、想象空间和愉快体验。

目录

Concent

三家分晋

周威烈王二十三年（公元前403年），周天子正式下令擢升原晋国的三家卿大夫——魏斯、赵籍、韩虔为诸侯。

起初，晋大夫智宣子要立儿子智瑶为智氏宗族的继承人。族人智果却反对说：“智瑶不如您的另一个儿子智宵。智瑶有超越他人的五项：仪表堂堂、武艺高强、多才多艺、能言善辩、刚强果敢。可同时也有其致命弱点：不思仁义、刚愎傲慢。如果他以五项长处来制服别人，而做不仁不义的恶事，谁能与他和睦相处呢？果真让智瑶为继承人，智氏宗族必定会灭亡。”然而，智宣子却置之不理。为避智氏之祸，智果便向太史请求脱离智族姓氏，另立为辅氏。

赵氏宗族长赵简子有二子，长子叫赵伯鲁，幼子叫赵无恤。待要确定继承人时，赵简子一时拿不准立谁更合适，于是他便将日常训诫言辞写在两块竹简上，分别交给两个儿子，并郑重嘱咐他俩要认真记诵。3年之后赵简子再来查问，赵伯鲁竟说不出一个字，再问他的竹简，早已丢失了。而赵无恤却能熟练地将简辞背诵下来，向他要竹简，立即就从袖筒里抽了出来。于是赵简子认为无恤十分贤德，便立他为赵氏继承人。

智宣子死后，智襄子（即智瑶）继承父位掌握了晋国政权，是为智伯。他与韩氏新任宗族长韩康子、魏氏新任宗族长魏桓子在蓝台聚饮时，乘酒兴戏弄了韩康子，并借机侮辱其臣相段规。智氏族人智国闻讯后提醒智伯说：“你侮辱了人家，他们一定会报复，这样做是会招来祸患的。”智伯大言不惭地说：“人的生死灾祸都取决于我。我不给他们降灾祸，谁还敢兴风作浪呢？”智国说：“此话不妥。《夏书》上载有这样的话：‘一个人屡有过失时，他结下的怨恨并不都在明处，因此更需要小心防范。’精明的人注意小事才能避免酿成大祸。连虫、蚁、黄蜂在遭到袭击时都能伤人，何况被您伤害的是卿族的首领和要臣呢！”智伯没有听从。

智伯向韩康子索求土地，韩康子不想给，其臣相段规却说：“智伯贪利而残暴，不答应，他很可能会讨伐我们；不如给他，让他自以为得计，还会如法炮制再向别的卿族索要，一旦遭到拒绝，智伯定然会诉诸武力。这样，我们既可免于祸患，又可坐观事变。”韩康子觉得这个主意很好，就将一个民户上万的城邑送给智伯。

智伯得手后非常得意，果然随后又向魏桓子提出了割地要求，魏桓子同样不想给。其臣相任章说："智伯如此仗势无故索地，必然引起诸家卿大夫的畏惧；我们割地给他，他会更加骄横。他骄傲就一定会轻敌，而畏惧他的卿族则会更加团结；以团结之众对付轻敌之人，智瑶的命运自然不会长久了。"魏桓子认为此计甚佳，也将一个民户上万的城邑送给了智伯。

接着，智伯又要求赵襄子将蔡与皋狼之地割让给他，赵襄子却坚决不允。智伯大怒，遂率领韩、魏之师一起攻打赵氏。赵襄子准备从都邑出逃，于是率众急奔晋阳。

智瑶、韩康子、魏桓子三家联军将晋阳城团团围住，引水灌城。城墙被水淹没的只剩六尺，炉灶沉没，虫蛙孳生，情况危急，而民众仍无背叛之意。

智伯的谋士绨疵提醒智伯说："韩、魏两家肯定会反叛。"智伯说："先生怎么知道？"绨疵回答道："以人之常情而论。您联合韩、魏两家出兵共同攻赵，如果赵氏灭亡了，灾难接下来就会落到韩、魏头上。现在我们已经与韩、魏约定，灭赵后三家共分其地。而今，水距城头只剩六尺，晋阳城中困厄到人马相食的地步，赵氏投降已指日可待。可韩康子、魏桓子不见高兴，反而面带忧色，这不是必反又是什么？"第二天，智伯将绨疵的话告诉了韩、魏二人，两人急忙分辩道："这一定是离间小人想为赵家游说，让主公您怀疑我们韩、魏两家而放松对赵家的进攻。否则，我们两家怎会不以眼看就能得到手的赵地为利，而去冒险干那必不可成的事呢？"他们二人出去后，绨疵随即进来问智伯："主公为什么把臣下的话告诉他们两人呢？"智伯说："先生是怎么知道的？"绨疵解释道："臣见他俩盯了我一眼便疾步走开了，可见他们已经知道我看穿了他们的心思。"智伯仍然不悔悟。于是绨疵请求让他出使齐国。

赵襄子派张孟谈为使者潜出晋阳城密见韩康子和魏桓子，向他们进言："我听说，唇亡则齿寒。如今智伯率韩、魏之师一起攻赵，赵一旦灭亡，同样的命运就该轮到你们了。"韩、魏二人说："这一点我们也清楚，但又怕事情不成而计谋泄漏，那就会立刻大祸临头。"张孟谈说："计出二位主公之口，入于臣一人之耳，有何伤害呢？"于是韩康子和魏桓子便与张孟谈密谋结盟，约定好动手的日期后将张孟谈秘密送返晋阳。赵襄子夜里派人杀了防守堤坝的吏卒，反决河堤，倒灌智伯军。智伯军仓皇救水，阵脚大乱。此时，韩、魏两家军队从两翼夹击，赵襄子率军从正面进攻，大败智伯军，智伯遂被擒杀，智氏家族也全遭诛灭。只有早已立为辅氏的智果得以幸免。

商鞅变法

商鞅雕像

秦献公去世，其子即位为秦孝公。这时黄河、崤山以东有6个强国，淮河、泗水流域十几个小国林立，楚国、魏国与秦国接壤。魏国筑有一道长城，从郑县沿着洛水直到上郡；楚国自汉中向南占有巴郡、黔中等地。各国都把秦国当作未开化的夷族，予以鄙视，不准参加中原各诸侯国的会议盟誓。目睹此情，秦孝公决心发愤图强，整顿国家，修明政治，让秦国强大起来。

秦孝公在国内下令说："当年我国的国君秦穆公，立足于岐山、雍地，励精图治，向东平定了晋国之乱，以黄河为国界，在西方称霸于戎狄，占地广达千里，天子赐予我们方伯的称号，诸侯们都来称贺，为后代开创了宏伟的基业。不幸后来历代国君厉共公、躁公、简公、出子造成国内动乱不息，才无力顾及外事。三晋进攻我们并夺取了我们先君开创的河西领土，没有什么比这更令人羞愧耻辱的了。到献公即位时，平定安抚边境，把都城迁徙到了栎阳，亲往治理，并且准备向东攻伐，收复穆公时的原有国土，重修穆公时的政令。我想到先辈的未竟之志，倍感惭愧悲痛。现在宾客群臣中谁能献上奇计，使秦国强盛，我将给他加官晋爵，并给他分封土地。"

卫国的公孙鞅听到秦孝公的这一命令，于是西行来到秦国。

公孙鞅是卫国宗族旁支后裔，喜好法家刑名之学。他在魏国国相公叔痤门下做事，公叔痤深知他的才干，但还未来得及推荐，就重病不起。

魏惠王前去探病，问道："公叔之病如果真的无可挽救，国家大事由谁来主持呢？"公叔痤回答："我门下中庶子卫鞅，虽然年轻，却有奇才，愿君王能把国家政务全部委托给他。"惠王听后默然不语。公叔痤看到这种情况后，提醒惠王说："君王若不准备重用卫鞅，就应把他杀掉，切勿让他出境。"惠王许诺后告辞而去。公叔痤把公孙鞅召来，不无歉意地说："我是国相，先为君主谋划而后再替属下考虑；所以先建议惠王杀你，现在又告诉你，你赶快逃走吧。"

公孙鞅说："主上不采纳你的意见重用我，又怎能听从你的意见来杀我呢？"后来，公孙鞅还是决定离开卫国去秦国。

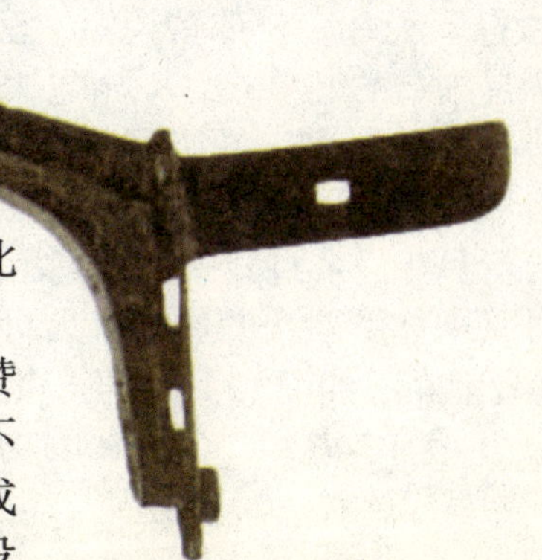

商鞅戟为商鞅专用的兵器

公孙鞅来到秦国，通过秦国宠臣景监见到了孝公，向他详细陈述了自己富国强兵的治国方略。孝公听后非常高兴，从此与公孙鞅共商国家大事。

公孙鞅想实行变法，秦国的贵族们都不赞同。公孙鞅对秦孝公说："对普通的人民，不能和他们商议开创的计划，只能和他们共享成功的利益。讲论至高道德的人，与凡夫俗子没

商鞅通过南门立木取得了百姓的信任

有共同语言；建成大业的人，不去与众人商议。所以圣贤之人只要能够强国，就不必拘泥于旧的传统。"

大夫甘龙反驳说："不对，按照旧的章程来治理，才能使官员熟悉规矩而百姓安定不乱。"

公孙鞅说："普通人只知道安于旧习，学者往往陷于所知范围不能自拔。这两种人，让他们做官守法可以，但不能和他们商讨旧章之外开创大业的事。聪明的人制定法规政策，愚笨的人只会受制于人；贤德的人因时而变更礼制，无能的人则死守成法。"秦孝公听后称赞公孙鞅："说得好！"

于是任命公孙鞅为左庶长，制定了变法的条令。下令百姓按五家一伍、十家一什组织起来，互相监督揭发，一家犯法，什伍连坐。举报奸谋的人与杀敌立功的人获同等赏赐，隐藏奸谋的人与投降敌人的人同罚。民家有 2 个以上成年男子却不分家的，要加倍征收赋税。立有军功的人，分别按标准授予爵位。进行私斗的人，分别按情节轻重处以大小不等的刑罚。努力从事正业，在耕田纺织上获得粮食和布帛丰收的，免除本人徭役。从事工商以及因懒惰而贫困的，一经举报，便全家收为奴婢。宗室中没有经过军功论定的人，不能享有宗族的地位。申明尊卑地位和爵禄等级，分别按级差分配田地、住宅、仆妾、衣饰器物，使有功劳的人获得荣誉，无功劳的人即使富有也不能显耀。

陕西咸阳出土的商鞅尊及尊上的拓片

法令已详细制定但尚未公布，公孙鞅怕百姓们不信任，便在国都的集市南门立下一根长 3 丈的木杆，下令说："如果有人能把这根木杆搬到北门去就赏金 10 两。"百姓们感到此事很古怪，没有人动手去搬。公孙鞅又说："能搬过去的赏金 50 两。"于是有一个人半信半疑地拿着木杆到了北门，公孙鞅就下令给他 50 两黄金，表示信赏的决心，然后才公布法令。

法令施行了一年，百姓前往国都申诉新法使民不便的数以千计。这时太子也触犯了法令。公孙鞅说："法令不能顺利推行，就在于上层人带头犯法。"太子是国君的继承人，不能施加刑罚，便处罚了他的老师公子虔，将另一个老师公孙贾脸上刺字，以示惩戒。不久之后，秦国人都遵从法令了。新法推行 10 年后，秦国一片路不拾遗、山无盗贼的太平景象，百姓勇于为国作战，不敢再行私斗，乡野城镇都得到了治理。当初诉说新法不便的秦国百姓，有的人这时又来称赞新法的便利。公孙鞅说："这些都是扰乱新法的人。"说完，就下令把他们全部迁移到边疆。此后，百姓不敢再议论新法的是非。

公元前 340 年，公孙鞅因功封商（今陕西商州东南）、於（今河南内乡东）十五邑，号商君，因称商鞅，其在秦国进行的政治改革被称为商鞅变法。

减灶灭敌

◀孙膑塑像

战国时，魏国庞涓率军攻打韩国。韩国向齐国求救。齐威王召集大臣商量说："是早点去救还是晚点去救好？"成侯邹忌说："不如不救。"将军田忌说："如果不去救，韩国必然转过来投靠魏国，不如早点出兵去救。"孙膑说："现在韩国和魏国的军队士气正盛，我们现在就去救援，就会代替韩国去对付魏兵，反而听从韩国的调遣。况且魏国早有吞并韩国的野心，待到韩国感到亡国迫在眉睫时，一定会向东到齐国来诉苦求救，我们就秘密地和韩国结好，慢慢等到魏国疲惫的时候再出兵救援，这样可以加深与韩国的亲密关系，名利双收，正是一举两得。"齐威王说："这样好。"就暗中把出援的打算告诉给韩国使者并送他回国。韩国因为倚仗着齐国的支持便与魏国交战，可是连打五仗都失败了，只好把国家的命运寄托在齐国身上。

齐国趁机出兵，派田忌、田婴、田盼为将军，孙膑为军师，前去援救韩国，直袭魏国都城。庞涓得到消息，立即离开韩国回国。魏国集中全部兵力，派太子申为将军，抵抗齐国军队。

孙膑对田忌说："那魏兵凶悍勇猛，向来轻视齐军。善于打仗的人往往能利用形势，使它朝有利于自己的方向发展。兵法上说：'赶 100 里路程去争利，先头部队的将领就可能遭受挫败；赶 50 里路程去争利，部队只有一半可能赶到。'"于是就命齐兵在进入魏国后建 10 万座灶头，第二天减少为 5 万个，第三天再减少到 2 万个。

庞涓率兵追击齐军 3 天，见此情况后大笑着说："我早知齐兵胆小，进入我国境内才 3 天，逃跑的士兵就超过了一半。"于是他就丢掉步兵，亲率轻锐部队日夜兼程追击齐军。

孙膑估计庞涓的行程当晚将到达马陵。马陵的山路狭窄，旁边的地势都很险要，可以伏下重兵，孙膑便派人刮去一棵大树的树皮，在白树干上写下 6 个大字："庞涓死此树下！"他又从齐国军队中挑选出万名优秀射箭手夹道埋伏，约定天黑后一见有火把亮光就万箭齐发。庞涓果然在夜间赶到那棵树下，看见树上隐约有字，便令人举火照看，还未读完，两边箭如飞蝗，一齐射下，魏军大乱。庞涓自知败势无法挽回，便拔剑自尽，临死前说："竟然让孙膑这小子成名了！"

▶庞涓自刎塑像

齐军乘胜大败魏军，俘虏了太子申。

孟子谏齐宣王

▶继孔子之后儒家学派的另一代表人物——孟子

周赧王元年（公元前 314 年），齐国征伐燕国，杀了燕王姬哙。齐宣王向孟子请教："有人建议我不要吞并燕国，可有人却建议我乘机吞并它。我想，以万乘兵车的大国去攻伐另一个同样的大国，50 天就征服，单靠人力是做不到的；如果不去征伐燕国，将会受到上天的惩罚。我把燕国并入齐国，你认为如何?"孟子回答说："吞并后如果燕国人民很高兴，那就吞并吧，古代有这样做的，比如周武王；如果吞并而使燕国人民气愤，就不要吞并，古代也有这样行事的，比如周文王。齐国以万乘兵车的大国征讨另一个大国，那里的百姓都捧着食品、茶水来迎接齐军，没有别的原因，就是为了跳出水深火热的战祸啊！如果在新的统治下水更深、火更热，百姓又将转而投奔别的国家了。"

后来，各诸侯准备谋划援救燕国。齐宣王又向孟子请教，孟子回答说："我听说过商王汤由于实行仁政，以 70 里的领土而号令天下，却没有听说拥有千里之广的国家而畏惧别人的。天下各国原本就畏惧齐国的强大，如今齐国又扩展了 1 倍的土地，如果不施行仁政，那么就会招致天下的讨伐啊。大王应该立即下令，释放被捕的老弱百姓，停止掠夺燕国的财宝，与燕国民众谋议，推立新的国君，然后离开燕国，这样做还来得及避免一场动乱。"

齐王却没有听从孟子的劝告。

◀没有听从孟子劝告的齐宣王

不久，燕国人民果然纷纷反叛齐国。齐宣王叹息道："我实在愧对孟子。"陈贾说："君王不必担忧。"于是他前去拜见孟子，问："周公是什么样的人?"孟子答道："是古代的圣人。"陈贾又说："周公派管叔监视殷商，后来管叔竟然依恃殷商的遗民来造反，是不是周公本已知道他将反叛才派他去呢?"孟子说："周公预先不知道。"陈贾说："如此说来，圣人也会犯错喽?"孟子说："周公是弟弟，管叔是哥哥，所以周公的错误是可以理解的。况且古代的君子犯了过错能改正；现在的君子犯了过错则依错而行。古代的君子，他的错就好像日月之蚀，人人都看得见，等到一旦改正，人民更加景仰他；现在的君子，不但不加以改正，还会托辞掩饰自己的过错。"

张仪巧言破合纵

公元前311年，秦惠王派人去拜见楚怀王，希望用武关以外的土地换取楚国的黔中郡。楚王说：“我不愿意换地，只想用黔中之地来换张仪。”张仪听说后，便请求前往楚国。秦王问：“楚国因受你的骗，正想找你报仇，你为什么还要去呢?”张仪说：“秦强楚弱，只要有大王在，他们不敢轻易对我怎样。而且我和楚王的宠臣靳尚关系密切，靳尚又深得楚王爱妃郑袖的信任，而郑袖的话楚王没有不听从的。”于是，张仪欣然前往楚国。

张仪来到楚国后，楚王把他囚禁起来，准备杀掉。靳尚对郑袖说：“秦王甚爱张仪，听说秦国已提出用上庸六县及秦国美女来赎张仪。大王很看重土地，同时又对秦国心怀畏惧，秦国美女来楚后定会受到大王的喜爱，那时您就会遭到冷落。”于是郑袖日夜在楚王面前哭诉哀求：“人臣做事，各为其主。如果杀了张仪，秦国必定震怒。我请求准许我带着孩子先行迁往江南，以免将来受秦军凌辱。”楚王于是赦免了张仪，还以厚礼相待。张仪趁势对楚王说：“合纵抗秦，等于是驱群羊而与猛虎相争，不用搏斗，胜负自明。现在大王不愿侍奉秦国，可秦胁迫韩、魏一道向楚发起进攻，楚国的处境可就危险了。秦国西面有巴郡、蜀郡，用大船运载粮食，沿岷江顺流而下，一日行程500余里，不出10日即可抵达扞关。扞关惊动，则由此以东的城池都要修治守备，那时，黔中、巫郡怕就不会再属大王所有。秦国如果大举甲兵攻出武关，贵国北部则可能全部失陷。秦军再南攻楚国，3个月内即可决定贵国的存亡，而贵国等待合纵盟国的援军，要半年以上才可望到达。坐等弱国的援救，而忘记强秦大兵压境的祸害，我可真为大王您现在的做法担心啊！大王您若是能听从我的意见，我可以让秦国、楚国永远成为友好邻国，不发生相互之间的攻伐。”楚王已得到了张仪而又看重黔中之地不肯割让给秦国，于是同意了张仪的意见。

▲战国时代，秦国的铜质杜虎符

▲丹江口楚国墓地中发掘出的精美青铜器

于是张仪前往韩国，对韩王说：“韩国地方险恶多山，所产五谷，不是豆子便是杂麦，国家口粮积存不够2年之用，现在军中的士兵不过20万，秦国却有甲兵100余万。崤山以东的人要披上盔甲才可以参战，而秦国人个个赤膊便能上阵迎敌，左手提着人头，右手夹着俘虏。秦国用孟贲、乌获那些勇士来进攻不肯臣服的弱国，正像在鸟蛋上压下千斤重石，必定无一幸免。大王您不肯迎合秦国，如果秦国发兵占据宜阳，扼守成皋，大王的国家就会被分裂，鸿台宫、桑林苑，就不再是您能享有的了。为大王着

▲古黔中郡遗址（窑头村）

想，您不如结好秦国进攻楚国，既转嫁了灾祸，又取得秦国欢心，没有比这更好的主意了！”韩王听从了张仪的意见。

最后，张仪北上到达燕国，对燕王说：“如今赵王已经去朝见秦王，并献出河间以迎合秦国。大王您不赶快结好秦国，秦国就会派甲兵到云中、九原，驱使赵国进攻燕国，易水、长城就不是大王您的了！况且，现在齐国、赵国就像秦国的郡县一样，不敢妄起刀兵相攻伐；大王您服从秦国，就可以长年免除齐国、赵国的威胁了。”燕王于是请张仪献上常山脚下的5座城以向秦国求和。

张仪回国报告秦王，还未赶到咸阳，秦惠王就去世了，由他的儿子武王即位。武王从做太子时起就不喜欢张仪，等他即位之后，大臣中有很多人前来诽谤历数张仪的短处。各诸侯得知张仪和秦王之间的嫌隙，都背叛了连横，再度实行合纵。

将相和

◀蔺相如纪念馆里的廉颇和蔺相如的铜像

周赧王三十二年（公元前283年），赵惠文王得到了楚国和氏璧，秦昭王垂涎三尺，提出用15座城池与之交换。

赵王对此事犹豫不决，蔺相如主动请缨，带着和氏璧出使秦国，赵王应允。到了秦国，蔺相如凭着自己的聪明机智，最后完璧归赵，还被赵王封为上大夫。

周赧王三十六年（公元前279年），秦王派遣使者告诉赵王，希望在渑池（今河南渑池西）友好相会。赵王不想赴会，廉颇、蔺相如建议说："赵王你不去，那就显示我赵国国势衰弱而且怯懦。"赵王于是决定前往渑池，蔺相如随行。

廉颇送到边境与赵王告别时说："大王此行，估计路上的时间加上会议的时间不会超过30天；假如超过30天您还没有回来，请求准许立太子为王，以断绝秦国挟持大王的企图。"赵王答应了这一请求。

两国国君在渑池相会。秦王与赵王饮酒，正喝得高兴，秦王请赵王鼓瑟助兴，赵王不敢拒绝，于是演奏了一曲。之后，蔺相如也请秦王击缶助兴，秦王不肯答应。蔺相如厉色说道："不击的话，五步之内，我就可以血溅大王。"秦王侍卫欲杀相如，相如怒目喝斥，左右侍卫皆不敢造次。秦王只好不情愿地敲了一下。

直至酒宴完毕，秦王始终也无法占得上风，加之赵国在军事上始终严阵以待，秦国也就不敢轻举妄动。赵王如期归国，晋升蔺相如为上卿，位在廉颇之上。

廉颇不满地说："我作为赵国大将，有攻城野战之功，蔺相如原不过是下层小民，只以能说善辩而位居我之上，我实在感到羞耻，忍不下这口气！"他还扬言："如果我遇到蔺相如，一定要羞辱他一番！"蔺相如听说后，不愿意和他遇见。每逢上朝，常常称病，不和廉颇去争排列顺序。出门在外，远远望见廉颇的车驾，便令自己的车回避。

蔺相如的门客下属都感到十分羞耻。蔺相如对他们说："你们看廉将军的威严比得上秦王吗？"都回答说："比不上。"蔺相如说："面对秦王那么大的威势，我都敢在他的朝廷上斥责他，羞辱他的群臣，我虽然无能，难道单单怕廉将军吗？我是考虑到：强暴的秦国之所以还不敢大举进犯赵国，就是因为有我和廉将军在。我们两虎相争，必有一伤。我所以避让，是先考虑到国家的利益而后才去想个人的私怨啊！"

廉颇听说这番话后十分惭愧，赤裸着上身背着荆条到蔺相如府上来请罪，两人从此结为生死之交。

即墨之战

周赧王三十六年（公元前279年），当初，燕国乐毅的军队攻打齐国安平时，临淄市的一个小官田单正在城中，他预先让自己的族人都把车轴头用铁箍套上。当安平溃败时，人人争着从城门逃出，都因车轴折断、车辆损坏难行而被燕军俘获；只有田单的族人因有铁箍保护得以幸免，于是逃往即墨。

当时齐国大部分地区都被燕军占领，只有莒城、即墨未沦陷。乐毅调遣右军和前军一起来包围莒城，调遣左军和后军包围即墨。即墨大夫率兵迎战而死。即墨人说："安平之战，田单族人借助于铁箍得以保全，可见田单足智多谋，熟悉兵事。"因此共同推立田单为将领以抵抗燕军。

乐毅围攻两城，1年未能攻克，便下令解除围攻，退至城外9里处安营扎寨，下令说："城中出来的百姓不要抓获，有困难的要赈济他们，让他们各操旧业，以此来安定新归附的人。"

过了3年，城仍然没有攻下。有人向燕昭王毁谤乐毅，说："乐毅的智谋过人，攻伐齐国，一口气攻克70多座城邑，如今只剩两座城，不是他的力量不能攻取，之所以3年没攻下，是想依仗兵威来收服齐国人心，进而南面称王罢了。如今齐国人心已服，之所以按兵不动，是因为他的妻子和儿子在燕国。况且齐国美女很多，他早晚会忘记自己的妻子和儿子的。愿大王尽早防备！"

昭王于是摆酒席大会群臣，把进谗的人召唤来并斥责道："先王倡导全国礼贤下士，并不是想要贪图土地而遗留给子孙。但碰上所被托付的人德行微薄，不能胜任先王的重托，以至全国百姓都不服从。齐是无道之国，乘我国动乱之机而害先王。我即位之后，对此痛心疾首，才广泛宴请群臣，在外招揽宾客，以求报仇，谁能使我成功，我愿意与他一同享有燕国。现在乐君亲自为我击败齐国，削平它的宗庙，补报先王之仇。齐国本来是乐君得来的，并不是燕国得来的。乐君如能领有齐国，而与燕国同为列国成员，结盟和好，以抗御诸侯的发难，这是燕国的福气，也是我所希望的。你怎敢说这等诽谤之话呢！"于是把挑拨者处死，又赏给乐毅的妻子以王后的服饰，赏给他的儿子以公子的服饰，配备君王车驾乘马，及上百辆属车，派遣国相恭敬地送给乐毅，并且立乐毅为齐王。乐毅惶恐不敢接受，一再拜谢，写下辞书，并宣誓以死效忠燕王。从此齐国人佩服他的德义，诸侯敬畏他的信誉，没有再敢来算计他的人了。

不久，燕昭王去世，惠王即位。惠王自从做太子时就与乐毅有矛盾。田单得知这一情况，就对燕国施以反间计，到处散布说："齐王已死，城没有被攻克的只有2座了。乐毅跟燕国的新王（指惠王）有矛盾，恐怕被杀而不敢回去。他现在以攻伐齐国为名，实际上是想要集结兵力在齐国称王。齐人还没有归附，所以暂且缓攻即墨以等待称王的时机。齐人所害怕的是燕王派别的大将来，那样，即墨将被攻克。"燕王本来已经怀疑乐毅，又中了齐国的反间之计，就派遣骑劫代替乐毅为将而召回乐毅。乐毅知道燕王更换将领是不怀好意，于是逃奔到赵国。燕国的将领和士卒从此愤恨不和。

田单下令让城中人吃饭时先在庭院祭祖。结果，飞鸟都盘旋飞落到了城中。燕人感到奇怪。田单就此传播说："一定会有神师降落指点我。"有个士卒说："我能充当神师吗？"说罢起身便走。田单忙追回他，让他面朝东坐着，以尊师的礼节对待他。士卒说："我犯上欺主了。"田单忙悄声嘱咐："你不要说出去！"从此把这个士卒当作军师。每当发布号令，都必称奉神师之命。

◀齐国历史博物馆中的田单像

田单又到处传播说："我就是害怕燕军把俘获的齐兵割掉鼻子，然后再让他们充当作战的前锋，这样，即墨就将陷落！"燕人听到这话，果然照着做了。城中人看到投降的士卒全被割掉了鼻子，都愤怒起来，坚守城邑，唯恐被俘。

田单又派人散布谣言："我害怕燕人掘我们城外的坟墓，那可就令人寒心了！"燕军又中计，掘了所有的坟墓，烧毁死尸。齐人从城上望见，痛哭流涕，十分愤怒，都想出战。

田单知道士卒可以指挥了，便亲自拿着筑城用的夹板和掘土用的锹，与士卒分担工作；把妻妾编制在行伍之中；把酒食全部拿出来款待士卒。让穿铠甲的士卒都埋伏起来，让老人、弱者和妇女登城守卫，派遣使节与燕军订约投降；燕军都呼喊万岁。田单又从居民那里征得千镒黄金，让即墨的富豪送给燕军将领，说："如果即墨投降，希望不要抢劫我们家族！"燕军将领非常高兴，答应了他们的请求。燕军越来越松懈。

田单在城中征得1000多头牛，给牛穿上大红色的绢衣，在衣上画五彩龙图，把兵器绑在牛角上，把浇上油的芦苇绑在牛尾上，点燃芦苇的末梢，将城墙凿开几十个洞穴，夜间放牛出城，5000壮士跟随在牛群的后面。牛尾被烫热，奋力奔向燕军。燕军非常惊讶，看到牛身上都是龙的图形，所触及的全都或死或伤。而城中擂鼓呐喊应和着，老人和弱者都敲响铜器，声音震天动地。燕军异常惊惧，败逃。齐军杀死骑劫，追逐败逃的燕兵，所经过的城邑都叛离燕国，重新归属齐国。

田单的士卒日益增多，接连胜利，燕军日益败溃，逃至黄河之滨，而齐国的70多座城都收复了。于是到莒城迎接襄王。襄王到了临淄，封田单为安平君。

触龙说赵太后

周赧王五十年（公元前265年），秦国攻伐赵国，夺取了赵国的3座城邑。赵孝成王刚即位不久，太后执掌大权，决定向齐国求援。

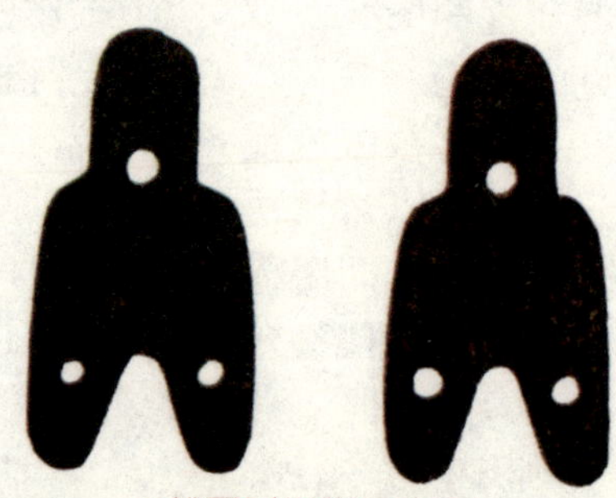

▲战国时期赵国布币

齐国提出出兵条件：必须把赵王的弟弟长安君送来当作人质。太后不答应这个条件，齐国也就按兵不动。大臣们一个个竭力向太后陈述利害，赵太后直言对朝臣说："如果谁要再说让长安君充当人质这件事，老妇我定要唾他的脸！"

大臣触龙求见赵太后，太后怒气冲冲地等待触龙进来。触龙却慢吞吞走过去坐下，然后请罪说："我年纪大了，又有脚病，行动不便，很久未见太后了，常常以此自我宽恕；又恐太后身体有什么不适，所以一直希望能见到太后。"太后说："我行动也不方便，外出都要坐辇车。"触龙说："太后饭量减了没有？"太后说："平常只吃点稀粥。"此时，太后的怒气已逐渐有所缓解。

触龙说："我有个儿子叫舒祺，年纪最小，最没出息，而我已年迈，很疼爱他，我希望太后能补一个宫廷侍卫的缺给他，以保卫王宫。我这里冒死请求！"太后说："可以。他多大了？"触龙说："15岁了。年纪虽小，但我愿在未死之前把他托付给太后。"太后说："你们男人也爱最小的儿子吗？"触龙说："比女人更爱。"太后笑着说："女人爱小儿子比起你们男人来更为强烈。"触龙说："依我看，太后爱女儿胜于爱长安君。"太后说："你说错了，我爱女儿根本比不过爱长安君。"触龙说："父母爱子女，就应为他们考虑得深远些。太后嫁女给燕国国君当王后时，你抱住女儿的脚哭泣，觉得她嫁得太远了，心中哀伤。送走之后，太后不是不想她，但祭祀时却祈祷说：'她千万不要回来。'难道不是为了她的将来打算，希望她的子孙世世代代都当燕国国王吗？"太后说："是这样。"

触龙说："从现在往前推算三代，赵国国君的子孙中封了侯的，其继承人有没有仍在位的？"太后说："没有了。"触龙说："这就是近者祸及其身，远者祸及其子孙。当然不是说君王子孙封侯的都不成器，主要是因为他们地位尊贵而于国无功，待遇丰厚而没有贡献，却掌握着太多的权力。现今，太后要提高长安君的地位，封给他最肥沃富饶的土地，又给了他无数珍宝，但这一切都不如现在让他为国家建功立业更重要。否则，太后一旦百年之后，长安君凭什么在赵国长久立足呢？"赵太后说："我明白了，任凭先生根据国家的需要派遣他吧！"

▼如今河北邯郸境内的赵国古城

于是，触龙为长安君准备了百余辆侍从车队，到齐国充当人质。随即，齐国派出了救兵，秦军自行撤退了。

李园献妹

楚国考烈王没有儿子，相国春申君为此非常忧虑，找了许多能生育的女子进献给楚王，但是她们最终没有为楚王生下儿子。

赵国人李园带来他的妹妹想要献给楚王，可听说楚王不能使妃子生儿子，便担心自己的妹妹日久之后因没有儿子而不受宠爱，于是请求做春申君府中的门客。

不久，李园向春申君告辞，请求回赵国一趟，故意超过约定的日期才返回春申君府第。春申君问他为何超期，李园说："齐王派人来，说要娶我的妹妹，我与齐王的使者饮酒交谈，所以耽误了时间。"春申君说："聘礼交来了吗?"李园回答说："没有交来。"春申君心想：能被齐王看中的人，一定漂亮，自己何不娶了呢? 便与李国商量，娶了李园的妹妹，不久还怀了孕。

李园让他的妹妹对春申君说："楚王尊贵宠爱你，就是兄弟之间也没有像这样好。现在你为楚国国相 20 多年，而楚王却没有儿子，到楚王死后便将另立他的兄弟为王，那兄弟也会尊贵他过去所亲近的人，你又怎能长期保住今日这种宠爱呢！不但这样，你掌握政事的时间长，对楚王兄弟失礼的事也多，等他们立为王，那么祸患就要降临到你的头上了。现在我有身孕而别人不知道，我和你相爱的时间不长，如果能够以你贵重的身份把我进献给楚王，楚王一定会宠爱我。我如果生了男孩，那将是你的儿子当上楚王了。那么楚国四面的封地都是你的了，这与身临不测祸患的情况相比哪个好呢?"春申君十分赞同这个意见。于是把李园的妹妹送出府第，另建

▶马山一号楚墓出土的彩绘木俑

▶马山一号楚墓出土的漆盘

▶天星观一号楚墓出土的镇墓兽

馆舍让她居住，并向楚王引荐她。楚王召她进宫，宠幸她，后来生了男孩，立为太子。

李园的妹妹成为王后，李园的地位也随着显赫，当权主事。但是他又深恐春申君将他曾指使妹妹说过的话泄漏出去，便暗中收养了一批勇士刺客，准备让他们去杀春申君以灭口。居住在楚国都城中的人有不少知道这件事情的。不久，楚王卧病不起。春申君门下的朱英对春申君说："世上有未预料到而来的洪福，也有未预料到而来的灾祸。现在您处于生死变化不定的社会之中，为喜怒无常的君王效力，身边怎么能没有您尚未预料却忽然来到的帮手呢？"春申君说："什么叫做'未预料到而来的洪福'呢？"朱英答道："您担任楚国的相国20多年了，虽然名义上是相国，实际上却已相当于国君了。如今楚王病重，随时都会死去，国王一死，将由您辅佐幼主，由您主持国政，要等到幼主长大了，您才把政权还给他，现在您不是可以面向着南称王了吗？这就是我所说的有时您不期望它，却有突然临门的福气。"春申君又问："什么叫做没有料到却突然降临到头上的灾祸呢？"朱英说："李园不主持国事，却是您的仇人，他不统率军队，但他收养不怕死的武士，这样做的时间已很久了。国王一旦去世，李园一定抢先进入王宫，夺取政权，杀死您来灭口。这就是我所说的事先一点没有料到，却突然降到您头上的灾祸。"春申君又问："什么叫做突然来到身边的帮手呢？"朱英说："您派我去做守卫王宫的郎中，国王一旦去世，李园先进宫，我就替你杀掉他，这叫做意料不到能帮助你的人。"春申君说："你不必过问此事。李园是个软弱无能的人，我又和他友善。再怎么说也不会到这个地步的！"朱英自知所言不被采用，害怕遭祸，于是投奔别国去了。17天之后，楚王去世，李园果然抢先入宫，在棘门之内埋伏勇士。春申君进宫，勇士两面夹击杀了他，将他的首级丢弃在棘门之外；又派官吏将春申君全家诛杀。后来太子即位，就是幽王。

▲战国四公子之一的春申君浮雕像

吕不韦居奇货

◀善于居奇货的吕不韦

秦襄王之子安国君的正妻华阳夫人没有儿子，其妾夏姬生一子名异人。异人作为人质住在赵国；由于秦国数次攻伐赵国，赵国对异人不以礼相待。异人以秦国王族后裔中属于庶出子孙的身份为质于诸侯，从秦国送来的车马及日常供给都不宽裕，所以他生活窘困，郁郁不得志。

阳翟地方的大商人吕不韦来到邯郸，看见异人的情况，说："这是奇货，囤积起来可以牟利！"于是前去拜见异人，开导他说："我可以提高你的门第！"异人笑着说："你先提高自己的门第吧！"吕不韦说："你不知道，我的门第要靠你的门第来提高。"异人心中知道他有所指，便邀他一起坐下深谈。

吕不韦说："秦王已年老，太子宠爱华阳夫人，而夫人没有儿子。你的兄弟有 20 多人，你居于中间的地位，不怎么受宠，长久在外做人质。如果太子即位做秦王，你很难争得继承人的地位。"异人说："那怎么办？"吕不韦说："能够立嫡亲继嗣的，只有华阳夫人。我吕不韦虽然贫穷，极愿意用千金为你西行去秦国奔走，让她立你为继嗣人。"异人说："真的像你所说的那样，我愿意将秦国与你共享。"

吕不韦将 500 金给了异人，让他广交天下宾客。又用 500 金置买奇宝珍玩，自己携带西行到秦国，面见华阳夫人的姐姐，通过她把珍宝献给华阳夫人。

吕不韦乘着见面的机会赞誉异人贤能，结交的宾客遍天下，常常日夜哭着思念太子和华阳夫人，说："异人把夫人当作自己的上天！"华阳夫人听了大喜，吕不韦又通过她姐姐劝说华阳夫人："靠容貌侍奉别人，年老色衰则恩爱松弛。现在夫人虽受到宠爱却没有儿子，不趁着年华正盛自己早些在众多儿子中选一个贤良孝顺的，推举他为嫡子，等到年老恩爱淡漠时，即便想说一句话，也做不到了。现在异人贤明，又知道自己排行居中，做不了嫡子，夫人如果这时候提拔他，异人就从无国变成了有国，夫人也从无子变成了有子，便会终身在秦国得到宠幸。"

华阳夫人认为这番话很有道理，抓住机会便对安国君说："儿子异人绝顶贤明，来来往往的人都称誉他。"又哭道："我不幸没有生儿子，想把异人立为自己的儿子，使后半辈子有个依靠！"太子答应了她，与华阳夫人刻下玉符，约定异人为继承人，送给异人丰厚财物，并请吕不韦辅佐他。异人的名望声誉从此在各国盛传。

▲吕不韦的墓冢在偃师一高校内，在历史上，吕不韦是应该大书特书的一个人，以前瞻的眼光看，正是他奠定了秦始皇统一六国的物质基础

吕不韦娶了邯郸城里最美的女子，婚后不久她就怀孕了。一次，

异人与吕不韦饮酒，见到这位女子，想得到她。吕不韦假装动怒，不久又将她献给异人。后来这位女子生下一个儿子，取名嬴政，异人便把她立为正室夫人。

邯郸被秦兵围困时，赵国人想杀死异人，异人与吕不韦用 600 金贿赂看守，脱身逃到秦军中，于是得以回国。

几年后，秦昭襄王去世，安国君做了国君，即秦孝文王。一年后秦孝文王死去，异人如愿以偿，即位为国君，称秦庄襄王。异人没有食言，任吕不韦为相国，封文信侯，食邑 10 万户。

李斯谏逐客

▶秦始皇塑像

秦始皇十年（公元前237年）十月，文信侯吕不韦被罢免相国之职，离开京城，回到他的封国河南洛阳。

秦国的王族大臣们建议说：“各诸侯国到秦国来谋职做官的人，大都是为他们的君主来游说离间的，请大王将他们一律驱逐出境。”

于是秦王下令全国实行大搜索，驱逐外来人。客卿楚国人李斯也在被逐之列。他在离开前上书秦王说：“从前穆公招纳贤才，由西戎选得由余，在东方宛城物色到百里奚，在宋国迎到了蹇叔，在晋国寻求到丕豹和公孙支。秦国得以兼并20个小国，称霸西戎。孝公任用商鞅实行变法，使各国都归附服从，至今天下大治，国势强盛。惠王采纳张仪的策略，拆散六国的合纵，使它们为秦国效力。昭王得到范雎的辅佐，加强了王室的权力，遏制了贵族的势力。这4位君王都是依靠客卿而建功立业的。如此看来，客卿有什么地方辜负了秦国啊！女色、音乐、宝珠、美玉都不产在秦国，可大王使用、享受的却很多。但取用人才偏不是这样，不管是否可用，不论是非曲直，不是秦国人就一概不用，凡是客卿就一律驱逐。这是只看重女色、音乐、宝珠、美玉等，而轻视人才了。我听说泰山不让细小的泥土，故能成就其巍峨；河海不择细流，故能成就其深广；圣贤的君王不抛弃民众，故能明示他的恩德。这便是五帝三王所以能无敌于天下的原因。现在您抛弃那些非秦国籍的平民百姓，使他们去资助敌国，辞退那些外来的宾客，令他们去为诸侯效力，这就是所谓的把武器借给入侵者，把粮食送给盗匪了。”

秦王看完李斯的这番论述，立即召回李斯，恢复他的官职，并撤销逐客令。

秦王还暗中派遣能言善辩的人携带金珠宝玉去游说东方各国君主。对各国名士凡是可以用钱财贿赂的，便出重金收买而结交他们，凡是不肯受贿的，便持利剑刺杀他们。实行挑拨离间各国君主与臣民关系的策略，然后派良将率兵攻打各国。几年之内，秦国终于兼并六国，统一了天下。

韩非客死于秦

▶法家集大成者韩非

秦始皇十四年（公元前233年），秦国进攻韩国，韩国危急。国君韩安向秦国割让土地，并献出国君的大印，请求作为秦国的附庸，派遣韩非为使节前往秦国拜谒问安。

韩非是韩国的公子，精通刑名法术的学说。他看到韩国国力日益削弱，多次写信给韩王求取录用，但总得不到韩王的任用。于是，韩非深恶韩国治国不致力于访求人才、选任贤能，反而推崇虚浮、淫乱、无能的蠹虫之辈，把他们安置在高位上。国势宽松时骄纵宠爱那些徒有虚名的学者，国势紧急时就征用那些披甲戴盔的武士；所培养的人不是所能任用的人，能任用的人却又不是所培养的人。他为廉洁正直的人遭受奸邪不正的权臣的排斥而悲伤。他考察了以往的得失变化，撰写了《孤愤》、《五蠹》、《内储》、《外储》、《说林》、《说难》等56篇文章，共计10多万字。

秦王听说韩非是个德才兼备的人，便想约见他。韩非正好替韩国出使秦国，便上书向秦王进言说："现在秦国土地方圆几千里，军队号称百万，号令森严，赏罚分明，天下各国都比不上。我鲁莽地冒死渴求见您一面，是想进言破除天下合纵联盟的计策。大王若真能听从我的主张，一经实行，而天下合纵联盟没有被破除，赵国没有被攻下，韩国没有灭亡，楚国、魏国不来臣服，齐国、燕国不来亲附，秦国称霸的名声不能成功，四邻诸侯各国不来朝拜，大王你可以把我杀掉，并在全国示众，以警戒那些为君主出谋划策不忠诚的人。"

秦王对韩非的上书十分满意，但没有马上任用他。

李斯非常嫉妒韩非，便对秦王说："韩非是韩国公子。现在我们要兼并诸侯各国，韩非终将为韩国打算而不会为秦国打算，这是人之常情。现在大王您不任用韩非，而让他长期逗留后再放他回去，这是自遗后患啊。不如用刑法诛杀他。"

▲当时的秦国国力强盛，但一代霸主对韩非亦是青睐有加

秦王认为李斯说得很有道理，便将韩非交给刑狱官吏治罪。李斯又派人给韩非送去毒药，让他及早自杀。韩非试图亲自向秦王陈述冤屈，但却无法见到秦王。不久，秦王后悔，派人去赦免韩非，可是韩非已经死了。

荆轲刺秦王

秦王嬴政一心统一中原，不断向各国发起进攻，燕国因此丢掉了好几座城，面临亡国的危险。燕国的太子丹恨透了秦王，于是派刺客荆轲刺杀他。

荆轲私下里会见樊於期说："秦国对待您，可说是残酷之极，您的父母、宗族都被诛杀或没收为官奴了！现在听说秦国悬赏千斤黄金、万户封地购买您的头颅，您打算怎么办呢?"樊於期流着泪叹息说："那能想出什么办法呢?"荆轲说："希望能得到您的头颅献给秦王，秦王必定欢喜而召见我，那时我左手拉住他的袖子，右手持匕首刺他的胸膛。这样一来，您的大仇得报，燕国遭受欺凌的耻辱也可以消除了！"樊於期说："这正是我日日夜夜渴求实现的事情啊！"随即拔剑自刎。太子丹闻讯急奔而来，伏尸痛哭，但已经无可奈何了，就用匣子盛装起樊於期的头颅。

此前，太子丹已预先求取到天下最锋利的匕首，并淬以剧毒，使之见血封喉。于是太子丹便准备行装送荆轲出发，又派燕国的勇士秦舞阳当他的助手，出使秦国。

荆轲抵达秦国都城咸阳，通过秦王嬴政的宠臣蒙嘉，以谦卑的言辞求见秦王。秦王嬴政大喜过望，穿上君臣朝会时的礼服，安排朝会大典迎见荆轲。荆轲手捧地图进献给秦王，地图展到尽头时露出了匕首。荆轲乘势抓住秦王的袍袖，举起匕首刺向他的胸膛。但是未等荆轲近身，秦王嬴政已惊恐地一跃而起，挣断了袍袖。荆轲随即追逐秦王，秦王绕着柱子奔跑。这时，殿上的群臣都吓呆了，事发仓促，大出意料，群臣全都失去了常态。秦国法律规定，在殿上侍从的群臣不得携带任何武器，因此大家只好徒手上前扑打荆轲，并喊道：“大王，把剑推上背！”秦王嬴政将剑推到背上，剑套倾斜，剑柄向前，拔出剑来回击荆轲，砍断了他的左腿。荆轲肢体残废无法再追，便把匕首向秦王投掷过去，但却击中了铜柱。荆轲知道行刺之事已无法完成，就大骂道：“此事所以不能成功，只是想活捉你以后强迫你订立契约，归还所兼并的土地，以此回报燕太子！”

▲战国刺客荆轲

▲据说这就是荆轲刺杀秦始皇时所用的那把匕首

秦王勃然大怒，把荆轲分尸示众，还增派军队随王翦的大军攻打燕国。秦军在易水以西与燕军和代王的军队会战，大破燕、代之兵。

十月，秦将王翦攻克燕都蓟城，燕国国君和太子丹率精兵向东图保辽东，秦将李信领兵急追。代王赵嘉送信给燕王，要他杀太子丹献给秦王。太子丹这时躲藏在衍水一带，燕王派使节往衍水杀了太子丹，把他的头颅献给秦王嬴政以求和。但秦王不允，再次发兵攻燕。

▲汉代画像石《荆轲刺秦王》

焚书坑儒

秦始皇三十四年（公元前213年），秦始皇将徇私枉法的司法官吏处罚流放去修筑长城，或到南越地区守边。

丞相李斯上书说："过去诸侯国纷争，以高官厚禄招徕游说之士。现在天下已定，法令统一出自朝廷，普通百姓就要致力于耕田做工，读书人就要学习法令规章。但今日的儒生却不学习现代事务，只知一味地效法古代，并借此非议现实，蛊惑、扰乱民众，相互非难指责现行制度，并以此教导百姓；闻听命令颁下，就纷纷根据自己的学说、主张妄加评议，入朝时口是心非，出朝后便街谈巷议，夸饰君主以提高自己的声望，标新立异以显示自己的高明，煽动、引导一些人攻击诽谤国家法令。这种情况如不禁止，势必造成君主的权势下降，臣下结党纳派活动蔓延民间。唯有禁止这些才有利于国家！因此我建议史官将除秦国史记之外的所有史书全部烧毁；除博士官按职责收藏书外，天下凡有私藏《诗》、《书》、诸子百家著作的人，一律按期将所藏之书交到郡守、郡尉处，一并焚毁；有敢于私下谈论《诗》、《书》的处死；借古非今的诛杀九族；官吏发现这种事情而不举报的与以上人同罪；此令颁布30天后仍不将私藏书籍烧毁的，判处黥刑，并罚处修筑长城劳役的城旦刑。不予焚烧的，是医药、占卜、种植的书。如果想要学习法令，应以官吏为师。"始皇下制令说："可以。"

▶据说秦始皇焚书坑儒的时候，孔家人把书藏在这鲁壁之后才幸免于难

原魏国人陈馀对孔子的八世孙孔鲋说："秦朝廷将要毁灭掉前代君王的书籍，而你正是书籍的拥有人，这实在是太危险了！"孔鲋说："我所治的是一些看来无用的学问，真正了解我的只有朋友。秦朝廷并不是我的朋友，我会遇到什么危险呀！我将把书籍收藏好，等待着有人征求，一旦来征求，我也就不会有什么灾难了。"

秦始皇三十五年（公元前212年），侯生、卢生相互讥讽、评议始皇的暴戾，并因此逃亡而去。始皇闻讯勃然大怒，说："卢生等人，我尊敬他们，并重重地赏赐他们，现在竟然敢诽谤我！这些人在咸阳的，我曾派人去查访过，其中有的人竟妖言惑众！"于是令御史逮捕并审问所有的儒生。儒生们彼此告发，始皇就亲自判处违法犯禁的人460多名，把他们全部在咸阳活埋了。还向全国宣扬，让大家都知道这件事，以惩戒后世。同时谪罚更多的人流放到边地戍守。

始皇的长子扶苏为此规劝道："那些儒生们全诵读并效法孔子的言论，而今您全部用重法处惩他们，我担心天下会因此不安定。"始皇大为恼火，派扶苏赴上郡去监督蒙恬的军队。

陈胜吴广起义

公元前209年，阳城人陈胜、阳夏人吴广在蕲县聚众起兵。当时，秦王朝征召闾左贫民百姓往渔阳屯戍守边，陈胜、吴广被指派为屯长。

恰巧遇上天降大雨，道路不通，估计已经超过了该到达的期限，而按秦朝法令规定，延误戍期，一律处斩。于是陈胜、吴广便趁着天下百姓对秦的怨恨，杀掉押送他们的将尉，召集戍卒号令说："你们都已经延误了戍期，当被杀头。即使不被斩首，因长久在外戍边而死去的本来也要占到十之六七。何况壮士不死则已，要死就图大事！王侯将相难道是天生的吗！"众人全都响应。陈胜、吴广便假称是秦公子扶苏、楚将军项燕的队伍，又建立祭坛进行盟誓，号称"大楚"。陈胜自立为将军，吴广为都尉。

▲点燃中国历史上第一次农民大起义烽火的陈胜吴广

起义军随即攻陷大泽乡，接着招收义兵扩军，进攻蕲县。夺取蕲县后，即令符离人葛婴率军攻取蕲县以东地区，相继攻打苦、柘、谯等地，全都攻下了。他们沿路招收人马，等到抵达陈县时，已有战车六七百辆，骑兵千余，步兵数万人。当攻打陈县时，郡守和郡尉都不在，只有留守的郡丞在谯楼下的城门中抵抗义军，不能取胜，郡丞被打死。陈胜于是领兵入城，占据了陈县。

当初，大梁人张耳、陈馀结为同生死、共患难的朋友。秦国灭魏时，听说二人是魏国的名士，便重金悬赏搜寻他们。于是张耳、陈馀改名换姓，一起逃到了陈县，充任里门看守来谋生。及至陈胜率军进入陈县，张耳、陈馀便前往陈胜的驻县通名求见。陈胜早听说他俩很贤能，故而非常高兴。恰逢陈县中有声望的地方人士和乡官请求立陈胜为楚王，陈胜就这件事征求张耳、陈馀的意见。二人回答说："秦王朝暴乱无道，兼灭别人的国家，残害百姓。您冒万死的危险起兵反抗的目的就是要为天下百姓除害，现在您才到达陈县就要称王，是向天下人显露您的私心。因此希望您不要称王，而是火速率军向西，派人去扶立六国国君的后裔，替自己培植党羽，以此为秦王朝增树敌人。秦的敌人多了，兵力势必就会分散，大楚联合的国家多了，兵力必然就强大。这样一来，在野外军队不必交锋，遇到县城没有兵为秦守城。铲除残暴的秦政权，占据咸阳，以号令各诸侯国。灭亡的诸侯国得到复兴，您施德政使它们服从，您的帝王大业就完成了！如今只在一个陈县就称王，恐怕会使天下人斗志松懈。"但陈胜没有听从这一意见，自立为楚王，号为"张楚"。

刘项起兵

汉高祖刘邦

秦二世元年（公元前 209 年）九月，沛县人刘邦在沛县（今江苏省北部）起兵，下相人项梁在吴县起兵，狄邑人田儋在原齐国的地方起兵。

刘邦，字季，高鼻梁，眉骨凸起如龙额，左大腿上有 72 颗黑痣。对人友爱宽厚，喜欢施舍财物给人，心胸开阔，素来有远大的志向，不安于从事平民百姓的日常耕作。起初，刘邦担任泗水亭长，单父人吕公喜欢给人相面，看见刘邦的形体容貌，认为很不寻常，便将女儿嫁给了他。

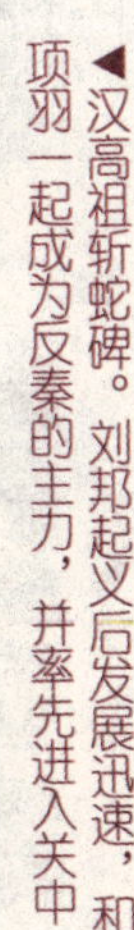

汉高祖斩蛇碑。刘邦起义后发展迅速，和项羽一起成为反秦的主力，并率先进入关中

不久，刘邦以亭长身份奉县里委派遣送被罚服营建劳作的夫役到骊山去，途中许多夫役逃亡。刘邦据此推测等押送到骊山时人将会都跑光了，于是便在行至丰乡西面的泽中亭后，停下来休息饮酒，到了晚上释放了所有的夫役们，并对他们说："你们都走吧，我也从此逃命去了！"夫役中年轻力壮的汉子愿意跟随他的有十余人。

刘邦喝醉了，夜间从小道走进沼泽地，遇到一条大蛇挡在路中间，他随即拔剑斩杀了大蛇。一位老妇人哭着说："我的儿子是白帝之子，他化为蛇，挡在小道上，而今却被赤帝的儿子杀了！"说罢就忽然不见了踪影。刘邦随后逃亡，隐藏在芒、砀的山泽中，这山泽间常常出现怪异现象。沛县的年轻人闻讯后，大都想要去归附他。

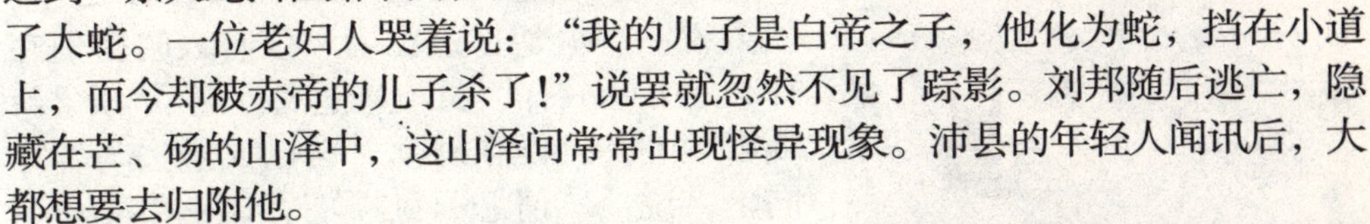

及至陈胜起兵，沛县县令打算举城响应，主吏萧何、狱掾曹参说："您身为秦朝官吏，现在想要背叛朝廷，以此率领沛县的青年，恐怕他们不会听从您的号令。希望您把那些逃亡在外的人召集起来，可得数百人，借此威胁大众，众人便不敢不服从了。"于是县令便命樊哙去召刘邦来见，这时刘邦的部众已有百十来人了。

▲刘邦驻汉中宫廷遗址——古汉台

汉高祖斩蛇起义画像

县令事后很懊悔，担心召刘邦等人来会发生什么变故，就下令关闭城门，防守城池，并要诛杀萧何、曹参。萧、曹二人大为惊恐，翻过城去投奔刘邦以求自保。刘邦便在绸绢上草就一书，用箭射进城去，送给沛县的父老，陈说利害关系。父老们便率领年轻一辈一起杀掉了县令，敞开城门迎接刘邦，拥立他为沛公。萧何、曹参为刘邦召集沛县青年，得3000人，以此响应诸侯抗秦。

『力拔山兮气盖世』的西楚霸王项羽

项梁是原楚国大将项燕之子，因曾经杀过人，与他哥哥的儿子项羽逃到吴中躲避仇家。吴中有名的士大夫，在才能方面没有能赶上他的。

项羽少年时学习识字和写字，没有学成便放弃了；去习练剑法击刺之术，又未学成。项梁为此十分生气，项羽说：“识字写字，记名姓就行了！学剑也不过是只能抵挡一人，不值得去学。要学就学那可以抵抗万人的本事！”项梁因此便教授项羽兵法，项羽喜不自胜，但是在略知兵法大意之后，又不肯学下去。项羽身材高大，力能扛鼎，才干、器度都超过一般人。会稽郡郡守殷通听到陈胜起兵抗秦的消息后，想要发兵响应陈胜，便令项梁和桓楚为将领。

位于江苏省宿迁市的项羽戏马台

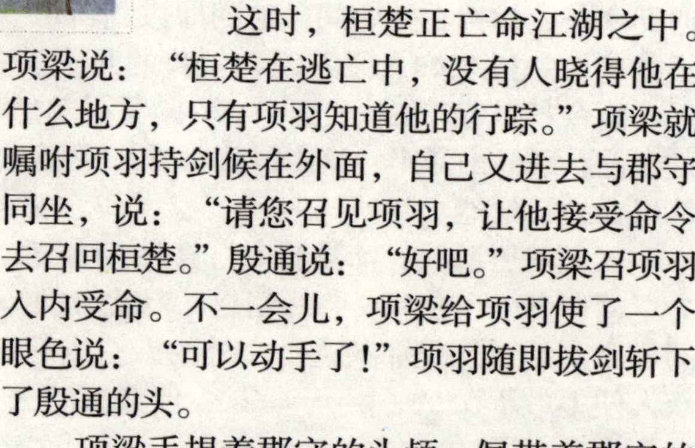

这时，桓楚正亡命江湖之中。项梁说：“桓楚在逃亡中，没有人晓得他在什么地方，只有项羽知道他的行踪。”项梁就嘱咐项羽持剑候在外面，自己又进去与郡守同坐，说：“请您召见项羽，让他接受命令去召回桓楚。”殷通说：“好吧。”项梁召项羽入内受命。不一会儿，项梁给项羽使了一个眼色说：“可以动手了！”项羽随即拔剑斩下了殷通的头。

力能扛鼎的项王

项梁手提着郡守的头颅，佩带着郡守的官印。郡守的侍从护卫们见状惊慌失措，乱成一团。被项羽所击杀的有百十来人，府内之人都吓得趴在地上，没有人敢起来反抗。项梁随后便召集他从前熟悉的有势力的强干官吏，讲明他这样做是为了要举行起义。接着征调吴中的军队，命人征集郡下所属各县的壮丁，得到精兵8000人。项梁自己做了会稽郡郡守，以项羽为副将，镇抚郡属各县。项羽此时24岁。

赵高专权

秦国郎中令赵高依靠秦二世的恩宠恣意专横，因私人的仇怨诛杀了很多人，他害怕大臣向二世报告这些事，于是向二世进言说："天子之所以尊贵，不过是因为群臣只能听到他的声音，而不能见到他的容颜罢了。况且陛下还很年轻，未必对每件事情都熟悉，现在坐在朝廷上听群臣奏报政务，若有赏罚不当之处，就会把自己的短处暴露给大臣们，便不能向天下人显示圣明了。所以陛下不如拱手深居宫禁之中，与我和熟习法令规章的侍中们在一起等待事务奏报，大臣们将事务报上来再研究处理。这样，大臣们就不敢奏报是非难辨的事情，天下便都称道您为圣明的君主了。"二世采纳了赵高的这一建议，不再坐朝接见大臣，而是常常住在深宫之中，赵高侍奉左右，独掌大权，一切事情都由他来决定。

赵高听说丞相李斯对此不满而有非议，就去会见李斯，说："现在关东地区盗贼很多，皇上加紧征调服徭役的人去造阿房宫，搜集狗马这类无用的东西。我想劝谏他，因为地位卑贱不敢言，这本是您分内的事，您为什么不去劝谏皇上呢?"

李斯说："我有劝谏的想法已很久了。现在皇上不坐朝处理国事，常常住在深宫之中，我想对他说的话，是不能让别人传达的。而想要觐见，又没有机会。"赵高说："您如果能劝谏他，趁皇上有空闲时我一定来通知您。"

于是等到二世正在欢宴取乐时，赵高就派人通知李斯说："现在皇上正有空，可以进去报告国事了。"李斯就到宫门求见，如此接连三次。二世发怒说："我平时有空他不来，我正在闲居休息，丞相就进来请求报告国事，难道他轻视我年青无知，轻视我闭塞鄙陋、见识浅薄吗?"

赵高趁机说："沙丘伪造遗诏逼扶苏自杀的密谋，丞相也参与了。现在陛下已立为皇帝，而丞相的地位没有提高，他的意思是想割地称王。何况丞相在皇宫外面，权势比您还大。"二世相信了赵高的话，从此不再信任李斯。

约法三章

▶现存于美国波士顿博物馆的《汉太祖入关图》

▶现存于台北故宫博物院的《汉宫图》

公元前206年冬季，沛公刘邦率军抵达霸上。秦王子婴乘素车、驾白马，颈上系着绳子以示自己该服罪自杀，手捧封好的皇帝玉玺和符节，伏在轵道亭旁向刘邦投降。众将领中有人主张杀掉秦王，刘邦说："当初怀王之所以派我前来，原本就是因为认定我能宽容人。何况人家已经降服了，还要杀人家，如此做是不吉利的。"于是便将秦王子婴交给了主管官员处置。

刘邦领兵向西进入咸阳，众将领都争先恐后地奔往秦朝贮藏金帛财物的府库瓜分财宝，唯独萧何率先入宫取秦朝丞相府的地理图册、文书、户籍簿等档案收藏起来，刘邦借此全面了解了天下的山川要塞、户口的多少及财力物力强弱的分布。刘邦看到秦王朝的宫室、帷帐、名种狗马、贵重宝器和宫女数以千计，便想留在皇宫中居住。樊哙劝谏说："您是想拥有天下，还是只想做一个富翁？这些奢侈华丽之物，都是招致秦朝覆灭的东西，您要它们有什么用呀！望您尽快返回霸上，不要滞留在宫里！"刘邦不听。张良说："秦朝因为不施行仁政，所以您才能够来到这里。而为天下人铲除残民之贼，应如同丧服在身，把抚慰人民作为根本。现在您刚刚进入秦的都城，就要安享其乐，这就是人们所说的'助桀为虐'了。况且'忠言逆耳利于行，良药苦口利于病'，望您能听取樊哙的劝告！"刘邦于是率军返回霸上。

随后，刘邦将各县的父老和有声望的人全都召集起来，对他们说："诸位父老在秦朝苛酷的法令下痛苦地生活已很久了。我和诸侯曾经约定，哪个先入关哪个就封王。我现在先入关，应该就是关中之王。如今与父老们约法三章：杀人者处死，伤人者和盗窃者抵罪。除此之外，秦法全部废除，所有的官吏都按原来职位高低不更动。我所以领兵入关，是为了替地方父老们消除祸害，不是来侵占、暴虐老百姓的，你们不必害怕！况且我所以领兵回驻霸上，就是要等到诸侯到来，一起约定法令，以求安民。"沛公派人和秦吏一起到各县、各乡邑，告知老百姓。秦国老百姓非常高兴，大家争着拿牛、羊、酒食呈献给刘邦的军士，刘邦又谦让不接受，他说："我军中仓库的粮食很多，并不缺乏，不想让百姓们破费。"老百姓更加高兴，唯恐刘邦不在秦地称王。

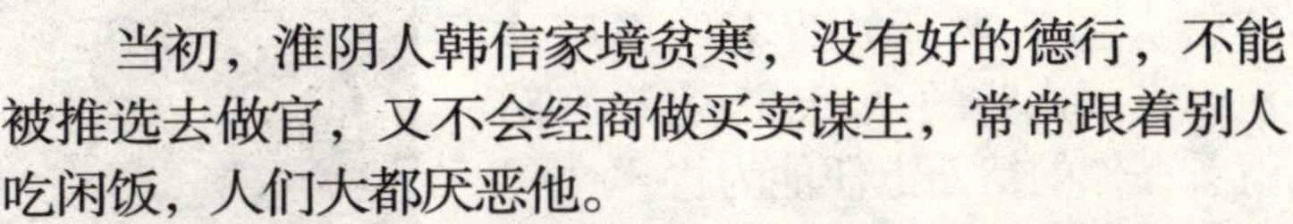

萧何月下追韩信

▶『汉初三杰』之一的名相萧何

当初，淮阴人韩信家境贫寒，没有好的德行，不能被推选去做官，又不会经商做买卖谋生，常常跟着别人吃闲饭，人们大都厌恶他。

待到项梁渡过淮河北上，韩信持剑去投奔他，留在项梁部下，一直默默无闻。项梁战死后，韩信又跟随项羽，项羽任他为郎中。韩信曾多次向项羽献计献策，但项羽却不予采纳。汉王刘邦进入蜀中，韩信又逃离楚军归顺了汉王，仍然不为人所知，做了个接待宾客的小官。

后来韩信犯了法，被判处斩刑。与他同案的13个人都已遭斩首，轮到韩信时，他抬头仰望，刚好看见了滕公夏侯婴，便说道："汉王难道不想夺取天下吗？为什么要斩杀壮士啊！"滕公觉得他的话不同凡响，又见他外表威武雄壮，就释放了他，并与他交谈，欢喜异常，随即将这情况奏报给了汉王。汉王于是授给韩信治粟都尉的官职，但还是不认为他有什么不寻常之处。

▶汉相国萧何追韩信至此碑

韩信多次与萧何谈话，萧何感觉他不同于常人。待汉王到达南郑时，众将领和士兵都唱着感伤的歌，想要东归故乡，许多人中途都逃跑了。韩信估计萧何已多次向汉王举荐过他，但汉王没有重用他，也逃亡而去。

萧何听说韩信逃走了，没来得及向汉王报告就亲自去追赶。有人告诉汉王说："丞相萧何逃跑了。"汉王大发雷霆，仿佛失掉了左右手一般。

▶元末明初青花瓷中的佳品青花梅瓶上绘有萧何月下追韩信图

过了一两天，萧何来拜谒汉王。汉王又怒又喜，骂萧何道："你为什么逃跑？"

萧何说："臣不敢逃跑，臣是去追赶逃跑的人回来罢了。"

汉王说："你追赶的是什么人？"

萧何道："是韩信。"汉王又骂道："将领们逃跑的有十几个，你都不去追，反而去追韩信，纯粹是撒谎！"

萧何说："那些将领很容易得到。至于像韩信这样的人，却是天下无双的杰出人才啊！大王您如果只想长久地在汉中称王，自然没有用得着韩信的地方；倘若您要争夺天下，除了韩信，就没有可与您图谋大业的人了。现在只看您作哪种抉择了！"

汉王说："我也是想要东进的，怎么能够郁郁不得志地长久留在这里呢！"萧何道："如果您决计向东发展，那么能够任用韩信的话，韩信就会留下来，如若不能重用他，他终究要逃跑的。"汉王说："那我就看在你的情面上任他为将。"

萧何说："即便是做将军，韩信也不会留下来的。"

汉王道："那就任他为大将军吧。"萧何说："这最好不过了。"于是汉王就想召见韩信，拜他为大将军。

萧何说："大王您向来傲慢无礼，现在要任命大将军，却如同呼喝小孩子一样，这就是韩信之所以逃跑的原因。您如果要授给他官职，就请选择吉日，进行斋戒，设置拜将的坛台和广场，准备举行授职的仪式，这样才行啊。"汉王应允了萧何的请求。

众将领闻讯都很欢喜，人人都以为自己会得到大将军的职务。但等到拜大将时，却是韩信，大家都惊讶不已。

▲明代萧何月下追韩信纹笔筒

▲明清时彩绘陶瓷作品《萧何月下追韩信》

▲为纪念刘邦拜韩信为大将而建的拜将台

▲明末清初奎壁斋刊本《刘邦登台点将》。刘邦拜韩信为大将军，樊哙不服，大声喧哗

背水阵

▶一代兵仙——韩信

楚汉相争时，刘邦派手下大将韩信攻打赵国。

赵国的谋士广武君李左车向成安君陈馀献计说："我听说从千里之外供给军粮，士兵就会挨饿；临时拾柴割草来做饭，军队就会经常食不果腹。而今井陉隘的道路狭窄，车辆不能并行，骑兵不能成排，致使行军长达几百里，依此情形，随军的粮草必定落在大部队的后面。望您暂时拨给我精兵 3 万，从小道去截住汉军的辎重粮草。他们向前不能拼战，向后无路可退，荒野里又没有食物可以掠夺，不出 10 天，韩信、张耳两个将领的头就可以送到您的军旗下。如果不这样做，我们一定会被他们二人所俘获。"

成安君陈馀常自称仁义之师，不屑于使用阴谋诡计，因此说："韩信兵力单薄且又疲惫不堪，在这样的情形下如果我们还避而不击，那么各诸侯便认为我胆怯而轻易来攻打我们了。"

韩信派人暗中侦察，知道陈馀不采纳李左车的计策，十分高兴。于是率领军队直下井陉隘，在距离井陉口 30 里的地方停下来宿营。到半夜时分传令部队出发，选出 2000 名轻骑兵，每人拿一面红旗，从小道上山隐蔽起来，观察赵军的动向，并告诫他们说："赵军看到我军后退，必定会倾巢出动来追赶我们，那时候你们迅速突入赵军营垒，拔下赵军的旗帜，竖起我们的红旗。"他又命令副将给将士传送干粮，说："今天打败赵军后再吃饭！"将领们都不相信，只是假意应承道："好。"韩信说："赵军已先占据有利地形构筑营垒，而且他们没有见我军的大将旗鼓，肯定不会攻打我军的先行部队，怕我军到了路狭山险的地方会退回去。"于是韩信派 1 万人为先锋，出隘口，背靠河水列阵，赵军见状都哗然大笑。

凌晨时分，韩信打出大将旗鼓，军队擂着战鼓开出了井陉口。赵军打开营垒迎击他们，双方激战了很久。韩信、张耳假装战败丢弃旗鼓，奔向河边的军阵，河边驻军打开营门迎他们进去，接着又和赵军激战。赵军果然倾巢出动去争夺汉军的旗鼓，追逐韩信、张耳。韩信、张耳进入水边军营后，士兵都殊死奋战，赵军无法取胜。等到赵军全都跑出营地去夺取战利品时，韩信派出的 2000 轻骑兵就迅速冲入赵军营垒，纷纷拔掉赵军旗帜而树起 2000 面汉军红旗。赵军见捉不到韩信等人，便想要撤回营地，回头一看却见营垒上全是汉军的红旗，因而大惊失色，以为汉军已抓获了赵王的全部将领。于是军队大乱，士兵纷纷逃跑，赵将尽管不停地斩杀逃兵，也无法禁止溃败之势。于是汉军趁乱前后夹攻，大败赵军，在水边斩杀了成安君陈馀，活捉了赵王赵歇。

将领们献上首级和战俘，纷纷向韩信庆贺，并问他："兵法上说：'布列阵地要右边依背山陵，左边前面要临近水泽。'现在将军你反而命令我们背靠着水列阵，又说打败赵军再吃饭。当时我们并不信服，没想到最后却取得了胜利，这是什么战术？"韩信说："这也记载在兵法上：'陷之死地而后生，置之亡地而后存。'况且我所率领的并不是平时训练有素的将士，这样的情况下就等于把兵士置于死地，使每个人都为了保全自己而奋战。要是给了生路，他们都会脱逃而走，哪里还能指挥他们作战呢！"将领们都佩服地说道："真是好计。您的谋略不是我们所能比得上的。"

刘邦历数项羽罪状

公元前203年，项羽攻下了梁地10多个城邑后，听说成皋又被攻破，就率军返回。这时汉军正在荥阳东面围攻钟离昧，听说项羽大军到了，就全部撤往险要的地方。

项羽在广武驻扎下来，与汉军对峙。这样过了几个月，楚军粮食短缺。项羽很是担忧，便架设肉案，把刘邦的父亲放到上面，通告刘邦说："今日你若不赶快投降，我就煮杀了太公！"

汉王道："我曾与你一起面向北作为臣子接受楚怀王的命令，盟誓结为兄

弟，因此我的父亲就犹如你的父亲。倘若你一定要煮杀你的父亲，那么希望你也分给我一杯肉羹！”

项羽怒不可遏，想要杀掉太公。项伯劝他说：“天下的事情不可预料。况且有志争夺天下的人是不顾及自己家人的，即使杀了太公也没什么好处，不过徒增祸患罢了！”项羽依从了他的话。

项羽对汉王说：“天下沸沸扬扬地闹腾了好几年，都是由于我们两个人相持不下的缘故。现在我愿意向你挑战，一决雌雄，不要再让天下的老百姓白白地忍受煎熬了！”汉王笑着推辞道：“我宁肯斗智，不肯斗力。”项羽便接连三次命楚军壮士出阵挑战，但次次都被汉营中善于骑射的楼烦射杀了。

项羽因此勃然大怒，亲自披甲持戟上阵挑战。楼烦又想要射项羽，项羽这时愤怒地瞪着眼睛厉声喝斥，使楼烦双眼不敢直视项羽的目光，双手不敢张弓发箭，随即奔回营垒，不敢再露面。

项羽与刘邦隔着广武涧对话。项羽想要单独向汉王挑战。

汉王历数项羽的罪状说：“你违背先约，封我到蜀、汉为王，这是第一条罪状；假托怀王的命令，杀害卿子冠军宋义，是第二条罪状；救赵之后不回报怀王，竟擅自胁迫诸侯军入关，是第三条罪状；焚烧秦朝宫室，掘毁秦始皇陵墓，盗取财物据为私有，是第四条罪状；诛杀已经归降的秦王子婴，是第五条罪状；采用欺诈手段，在新安活埋了已归顺的20万秦兵，是第六条罪状；把好的地方封给各个将领，却迁徙放逐原来的诸侯王，是第七条罪状；将义帝逐出彭城，自己在那里建都，侵夺韩王的封地，并在梁、楚之地称王称霸，竭力扩充自己的地盘，是第八条罪状；派人到江南暗杀了义帝，是第九条罪状；执政不公平，主持盟约不守信义，为天下所不容，实属大逆不道，是第十条罪状。如今我率领正义之军随从诸侯一起征讨你这残虐的贼子，只需让那些受过刑罚的罪犯来攻打你就行了，又何苦要与你单独挑战呢！”

项羽闻言大怒，用暗伏的弩箭射中了汉王。汉王胸部负伤，却摸着脚说：“这贼子射中我的脚趾了！”汉王因受创伤而卧床休息，张良却请求汉王起身去军中抚慰将士，以安定军心，不要让楚军乘势取胜。于是汉王出去巡视军营，但终因伤势加重，而赶赴成皋养伤。

叔孙通制朝礼

▲刘俊《汉殿论功图》，取材于“汉殿论功”的典故。画家在表现这一汉代历史题材时，礼节和陈设却都以明朝宫廷生活为准则。植满奇花珍木的宫院里，皇帝端坐于巨大屏风前，威严的武士守候于一侧，大臣们进谏、听朝，井然有序

汉高祖刘邦立国伊始，全部除去秦朝烦琐的礼仪，力求礼仪规则简单易行，这时群臣们饮酒争功，喝得酩酊大醉，有的人就胡喊狂呼，拔剑乱砍殿柱，刘邦渐渐对这种现象产生了反感。于是叔孙通劝高祖说：“儒生很难同他们一起建立事业，但可同他们一起守住建成的大业。我愿意去征召鲁地的众儒生，与我的弟子们共同拟定朝廷礼仪。”高祖说：“不会有困难吧？”叔孙通说：“五帝的乐制不一样，三王的礼制不相同。礼制，是依据时代不同、人情世俗不同而增减损益的。我想采用古代礼制，同秦朝的仪法相参考来制订新的。”高祖说：“可以试一试，只是要让人们容易理解，估计我能做得到的据此去制订它！”

于是叔孙通出使鲁地，征召鲁地儒生30多人。鲁地儒生有两人不肯随叔孙通来，说：“你所侍奉过的君主将近有10位，你都当面奉承讨好，得到他们的亲近尊敬。现在天下刚刚安定，死去的人还没有埋葬，受伤的人还没有治好，又想制用礼、乐。礼、乐的始端要积累百年之后才能兴起。我们不忍心做你所要做的这些事。你走吧，不要玷污了我！”叔孙通笑着说：“你们真是浅陋的儒生，不晓得应时变化！”便同所征召的30人西行入关。

叔孙通召集与高祖亲近的臣子中有学问的人以及弟子10多人，用绳索拦出场地，插茅束表示尊卑，在野外演习礼仪。练习了一个多月，对高祖说：“可以试看了。”高祖让他们进行礼仪表演，看了之后说：“这些礼仪我能够做到。”于是下令群臣进行练习。

汉高帝七年（公元前200年）十月，长乐宫建成，诸侯臣下都来朝贺。在黎明之前，谒者主持典礼，臣下依次进入殿门，面朝西在东边排开阵势。

侍卫官员有的在殿下台阶两旁站立，有的排列在廷中，都持握兵器，竖立旗帜。这时皇帝乘坐辇车出房，众官员举旗传呼警戒，引导诸侯王及俸禄在600石以上的官员依次序朝拜皇帝，无不震恐肃敬。到典礼仪式完毕，又置备正式酒宴。众侍臣官员陪坐在殿上的，都俯伏垂首，按官位的高低次序起身给皇上敬酒祝福。斟酒连敬九次，谒者宣告“结束宴饮”。御史执行礼仪规则，凡遇不遵照仪式规则举手投足的人，把他们带出殿外。从朝贺典礼和酒宴开始直到结束，没有出现敢大声喧哗、不合礼节的人。这时，高帝说：“我今天才知道身为皇帝的尊贵啊！”便授任叔孙通为太常，并赏赐黄金500斤。

当初，秦统一天下，采纳六国的礼仪，选择其中尊敬君上、抑制臣下的仪制加以保留。到了叔孙通制订礼仪，又做了许多更改，但大抵都是袭用秦朝的旧仪，上自天子的称号，下至臣僚称呼、宫室名称、官名等，都没有做太大的变更。叔孙通的礼仪书后来与律、令一同著录，收藏在法官那里。

萧相国为民请苑

▲意气风发、举杯高歌的汉高祖刘邦塑像

汉高祖时期，相国萧何见长安城地方狭窄，而皇家上林苑中有很多空地，且荒弃不用，就希望能让百姓入内耕种，留下禾杆不割，作为苑中鸟兽的饲料。

高祖一听勃然大怒说：“相国你一定收下了商人的大批财物，才替他们算计我的上林苑！”于是将萧何交付廷尉，用刑具锁铐。

过了几天，一个姓王的卫尉侍奉高祖，上前探问：“相国犯了什么大罪，陛下突然把他拘禁起来？”

高祖说：“我听说李斯做秦始皇的丞相时，有善行都归功于君主，有过失就自己承担。现在相国接受商人很多金钱，而为百姓请求开放我的上林苑，以讨好老百姓，所以我把他关起来治罪。”

王卫尉说：“在自己职务范围内，如果对百姓有所便利的话，请求皇上实行，这是身为相国所该做的事；陛下为什么要怀疑相国接受商人的金钱呢？而且陛下和楚对抗的几年之间，都是陛下亲自率军前往的；在那个时候，相国守住关中，只要他在关中稍稍摇动一下脚，关西的土地就不是陛下所有的了，相国不在这时候为了己利反叛陛下，难道现在会为了商人的金钱而反叛陛下吗？而且秦是因不知自己所犯的过错才灭亡的；李斯为秦始皇分担罪过，有什么值得效法学习的！陛下为什么会有怀疑相国的浅见呢！”

▶西汉彩绘作品《上林苑斗兽图》

高祖心里很不高兴，但因为王卫尉讲的是事实，所以在当天，派出使者拿符节赦免了萧何。

萧何年纪已老，一向都很恭敬谨慎，光着脚入朝向皇上拜谢。高祖说：“相国免了吧！相国为百姓请求开放上林苑，我不答应；我不过是像桀、纣一样的昏君，而相国却是贤明的相国。我故意囚禁相国，是要让百姓知道我的过错啊！”

汉高祖铲除异姓王

为汉朝的建立立下汗马功劳的张良

汉高祖刘邦在跟项羽争夺天下的时候，除了重用张良、萧何、韩信等人以外，也争取到了张耳、黥布、臧荼等人的大力协助。项羽实行割地分封，这些人也都封过王，张耳为常山王，黥布为九江王，臧荼为燕王，当时他们的地位和汉王刘邦是平等的。项羽生性多疑，不断排挤他们；刘邦则不断争取他们，所以他们终于背叛项羽，投靠刘邦，帮助刘邦打败了项羽，为汉朝的创建立下了功劳。刘邦做了汉朝皇帝，自然不便亏待这些有功之人，也封他们为王。张耳已经死了，就把张耳的儿子张敖封为赵王，黥布改封为淮南王，臧荼依旧封燕王。拿这些人的功劳跟韩信、彭越比，自然比不上，他们封了王，韩信、彭越理所当然也得封王。韩信在楚汉战争还没结束的时候已经封为齐王，这时候改封为楚王，彭越封为梁王。此外，还有一个韩襄王的后代也叫韩信的，被封为韩王。黥布的岳父吴芮被封为长沙王。一共封了 7 个王。

汉高祖封这些异姓的功臣为王，原是一种不得已的做法。他深知这些异姓王能征善战，有才干、有实力，生怕他们的势力强大起来，夺取他刘姓的江山。所以在封王之后不久，刘邦就开始寻找各种各样的借口杀戮功臣，一个一个地来收拾这些异姓王。

汉高祖刘邦于公元前 202 年正式称帝，同年九月，他就借口燕王臧荼谋反，亲自带兵征讨，俘虏了臧荼，改封与自己同一天出生的同乡兼好友卢绾为燕王。第二年，汉高祖听说楚王韩信收留了项羽的大将钟离昧。他很自然地联想起自己跟韩信的一次谈话。有一次，汉高祖跟韩信谈到带兵打仗的问题，汉高祖问韩信："像我这样的才能，你看能带多少兵？"韩信说："陛下顶多能带 10 万兵。"汉高祖又问韩信："像你这样能带多少兵呢？"韩信说："我带兵当然是多多益善！"汉高祖想到韩信这种锋芒毕露的话语，认为韩信收留钟离昧，准是有谋反的意图，他有心去讨伐韩信。回头一想，自己的兵不如韩信的兵精锐，大将又都比不上韩信，若真要打起来，自己肯定不是韩信的对手。于是他采用了陈平的计谋，假装巡游云泽，带着自己的亲信部队来到韩信的封地，准备找机会发动突然袭击。

韩信听说刘邦来到他的封地，知道来者不善，本想起兵反抗，但又一想自己有功而无罪，刘邦不会那样不讲理，又犹豫起来。有人建议韩信说："皇帝是为了钟离昧来的，杀了钟离昧，拿他的头献上去，皇帝一定高兴，如此就不会有祸患了。"韩信听从了他的建议。十二月，高帝在陈地会见诸侯，韩信提着钟离昧的头颅拜见高帝。高帝即命武士将韩信捆绑起来，装载到随皇帝车驾出行的副车上。韩信不服，大声喊叫："狡兔死，走狗烹；飞鸟尽，良弓藏；敌国破，谋臣亡。"表示对汉高祖杀戮功臣的抗议。后来汉高祖考虑到韩信的功劳很大、威望很高，关于谋反的事又没有确凿证据，杀了他怕有人不服，就释放了他，把他降为淮阴侯。

就这样，自公元前202年起，到公元前195年止，刘邦先后把分封出去的7个异姓王消灭了6个。空出来的王位，改封自己的兄弟子侄去接替。汉高祖刘邦不但在世时亲手铲除异姓王，并且在临死之前还郑重其事地立下遗嘱，规定不许封异姓人为王。他的这个遗嘱，是在征讨淮南王黥布的时候吃了苦头，才立出来的。

黥布原先是项梁手下的一员猛将。项梁死后，黥布跟着项羽北上救赵。他作战勇敢，常常以少胜多，立下了大功。项羽进兵咸阳，黥布又担任先锋，功劳不小。因此，项羽割地分封的时候，他被封为九江王。黥布封王以后，跟项羽产生了争权夺利的矛盾。刘邦派能说会道的萧何去拉拢黥布，把黥布拉到自己这边，起兵反对项羽，打败项羽之后，就改封黥布为淮南王。

臧荼、韩信的下场，使黥布很寒心；后来梁王彭越也被除掉，汉高祖还把彭越剁成肉酱分赐给各诸侯王。这是杀鸡给猴看，是对诸侯王的严重警告。这些血淋淋的事实，也使黥布产生了“鸟尽弓藏、兔死狗烹”的想法，所以他在公元前196年起兵造反。

汉高祖听说黥布造反，亲自率领大军去讨伐。两军对阵的时候，汉高祖看到黥布的阵势跟项羽相似，心里有点害怕，远远地质问黥布：“我已经封你为王，你为什么还要造反?”黥布回答说：“想当皇帝而已。”

汉高祖气得火冒三丈，于是下令发动攻势。他费了九牛二虎之力，才打败黥布，平定了这次叛乱。在战争中，汉高祖被飞箭射伤，从此一病不起。

第二年（公元前195年），汉高祖知道自己时日不多，就带着文武大臣到太庙里去宣誓，立下了不许封异姓人为王的遗嘱。汉高祖命人牵来一匹白马，亲自主持了杀马宣誓的仪式。他端起一杯冒着热气的马血酒起誓说：“当年跟着我打天下的英雄豪杰，我都给了他们应有的封赏，有些人被封王封侯，掌管不少土地。可是在他们这些人当中，有的居功自傲，贪心不足，举兵反叛，想要来抢夺我刘家的天下。现在我在这里当着祖宗的灵位，为子孙后代立下一条不许违反的信条，希望大家发誓遵守：从今以后，凡不是刘姓的人，一概不许封王；没有功劳的人，一概不许封侯。谁违反这个盟约，天下人就共同讨伐他!”

汉高祖杀马宣誓，是怕异姓王造反，抢夺他的天下，才想出来的一种长久之计。可是后来造反篡权的并不只是那些封王封侯的异姓功臣，而是他自己的妻子吕后和一些同姓子弟。

吕后分封诸吕

▶汉高祖刘邦之妻——吕雉

汉高后元年（公元前 187 年）冬，太后吕雉想封吕氏外戚为诸侯王，征询右丞相王陵的意见。王陵说："高皇帝曾杀白马与群臣饮血盟誓：'不是姓刘的而称王，天下臣民共同消灭他。'现在要封吕姓为王，就违背了白马之盟。"

太后很不高兴，又问左丞相陈平、太尉周勃，二人回答说："高帝平定天下，封刘氏子弟为王；现在太后临朝代理政事，分封几位吕氏为王，没有什么不可以的。"太后听后十分高兴。

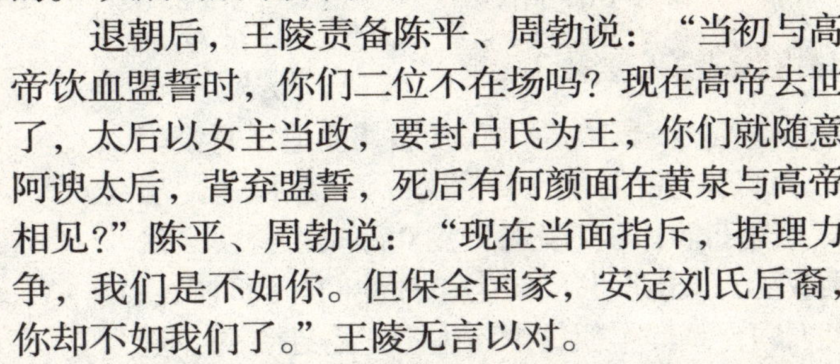
▶吕后玉玺

退朝后，王陵责备陈平、周勃说："当初与高帝饮血盟誓时，你们二位不在场吗？现在高帝去世了，太后以女主当政，要封吕氏为王，你们就随意阿谀太后，背弃盟誓，死后有何颜面在黄泉与高帝相见？"陈平、周勃说："现在当面指斥，据理力争，我们是不如你。但保全国家，安定刘氏后裔，你却不如我们了。"王陵无言以对。

十一月，太后任命王陵为惠帝的太傅，实际上是剥夺了王陵的宰相权力，王陵于是托病辞去职务，回到他的封国。

太后追尊其去世的父亲临泗侯吕公为宣王、哥哥武侯吕泽为悼武王，打算以此作为分封吕氏为王的开端。为了安抚刘氏宗室，就先立号称是惠帝之子的刘强为淮阳王，刘不疑为恒山王，派大谒者张释劝说大臣支持。于是，大臣们识趣地奏请太后立悼武王吕泽的长子郦侯吕台为吕王，分割齐国的济南郡作为吕国封地。到后来，吕氏封王的越来越多。

赵幽王刘友的王后是吕氏的女儿，刘友不爱这位王后，而宠爱另一个妃子。吕氏的女儿一气之下离开赵国，向太后进谗言说："刘友说：'姓吕的怎么能封王，待太后去世后，我必定击灭吕氏。'"

汉高后七年（公元前 181 年）正月，太后召见赵王。赵王到了京师，被安置在官邸中。太后派兵包围官邸，断绝饮食供应，群臣中有偷送食物给赵王的，一概拘捕治罪。正月十八，赵王刘友饿死，被以平民的身份葬在长安的平民墓地。

▲汉代贵族妇女使用的梳妆漆盒

周勃让贤

▶左丞相陈平

汉文帝前元元年（公元前179年），丞相陈平因病请求辞职，汉文帝询问原因，陈平说："高祖开国时，周勃的功劳不如我大，在诛除诸吕的事件中，我的功劳不如周勃；我请求将右丞相的职务让给周勃担任。"

十一月，文帝将陈平调任为左丞相，任命太尉周勃为右丞相，大将军灌婴为太尉。文帝还下令，把吕后当政时割夺齐、楚两国封立诸吕的封地，全部归还给齐国和楚国。

朝廷对诛灭诸吕的人论功行赏，从右丞相周勃以下，都被增加封户、赏赐黄金各有等差。绛侯周勃每次参加朝会退出时都得意洋洋，文帝对他十分恭敬，常常目送他出朝。担任郎中的安陵人袁盎劝谏文帝说："吕氏叛乱，大臣们共同协力杀掉他们，当时周勃是太尉，掌握军权，天缘凑巧，得建奇功。现在丞相对皇帝似乎有些骄傲不恭，而陛下对丞相却谦恭礼让，君臣都不合礼仪，我私下认为陛下不应该如此。"此后朝会时，文帝越来越庄重、严肃，丞相周勃也日益敬畏。

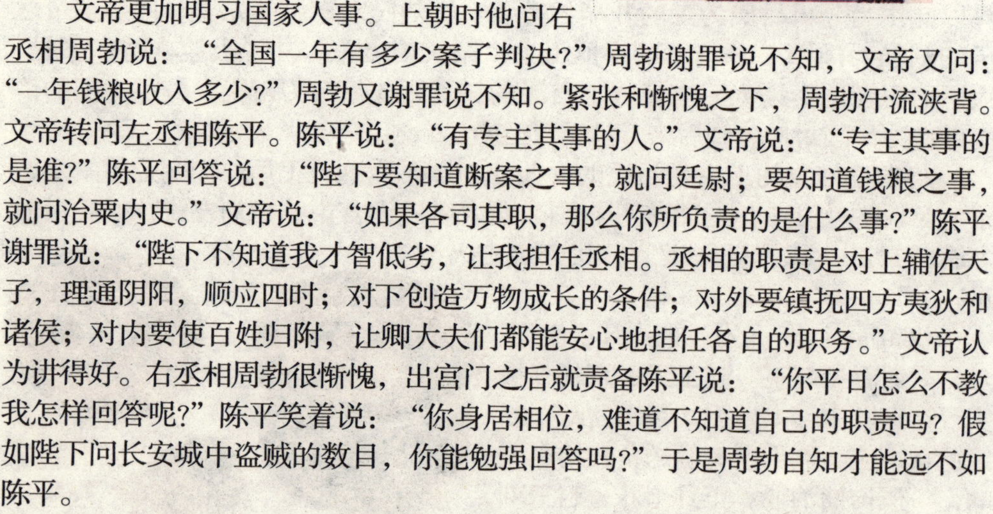

▶西汉绛侯周勃

文帝更加明习国家人事。上朝时他问右丞相周勃说："全国一年有多少案子判决？"周勃谢罪说不知，文帝又问："一年钱粮收入多少？"周勃又谢罪说不知。紧张和惭愧之下，周勃汗流浃背。文帝转问左丞相陈平。陈平说："有专主其事的人。"文帝说："专主其事的是谁？"陈平回答说："陛下要知道断案之事，就问廷尉；要知道钱粮之事，就问治粟内史。"文帝说："如果各司其职，那么你所负责的是什么事？"陈平谢罪说："陛下不知道我才智低劣，让我担任丞相。丞相的职责是对上辅佐天子，理通阴阳，顺应四时；对下创造万物成长的条件；对外要镇抚四方夷狄和诸侯；对内要使百姓归附，让卿大夫们都能安心地担任各自的职务。"文帝认为讲得好。右丞相周勃很惭愧，出宫门之后就责备陈平说："你平日怎么不教我怎样回答呢？"陈平笑着说："你身居相位，难道不知道自己的职责吗？假如陛下问长安城中盗贼的数目，你能勉强回答吗？"于是周勃自知才能远不如陈平。

过了一段时间，有人劝周勃说："你已诛灭诸吕，扶立代王为帝，威名震动天下。而你受到优厚的赏赐，居于高位，时间久了，就会大祸临头。"周勃也感到处境危险，就托病请求辞去丞相之职，文帝应允。

贵粟论

▼西汉时期的文物——金兽，整器以黄金铸造，重达9千克，是目前国内考古发现金器中分量最重的一件

汉文帝前元十二年（公元前168年）三月，晁错对文帝说："英明的君主在位，百姓不受饥寒的折磨，这并不是君主能亲自耕作供给百姓食物，亲自织布为百姓做衣服，而是君主为百姓开辟了生财之路。所以尧遇到9年的大涝灾，商汤遇到7年的大旱灾，而全国并没有被抛弃的病饿者，其原因在于蓄积多而预先做了充分的准备。现在海内大一统，土地之广、人口之众，不亚于商汤和夏禹时代，再加上没有持续几年的旱涝天灾，但蓄积却没有那时多，原因何在？是因为土地还有余利，百姓还有余力；可生长谷物的土地还没有全部开垦，山林川泽的财富还没有全部开发，不从事生产而消耗粮食的游民还没有全部回归农业生产。

"严寒之时人们急需衣服，不求轻暖，能御寒就穿；饥饿时急需食品，不求香甜可口，能充饥就吃。饥寒交迫，人们顾不得讲究廉耻。一天不吃两餐就会挨饿，一年不做衣服就会挨冻。如果腹中饥饿得不到食物，肌肤寒冷得不到衣服，即便是慈父也不能保全他的儿子，君主怎么能控制住他的百姓呢！英明的君主知道这个道理，所以引导百姓从事农桑耕织，少收赋税，多搞蓄积，用来充实府库，防备旱涝灾害，才能稳定百姓。百姓的善恶，就看君主如何去诱导、统治他们；百姓追求财利，如同水向下流而不选择任何方向。

"珠、玉、金、银等物品，饿的时候不能吃，冷的时候不能穿；但是大家都把它们视为珍宝，原因就在于君主使用它们。这些东西轻微而便于收藏，只要握在手掌中，就可以周游天下而不受饥寒之苦。这可以使臣子轻易地背叛他的君主，使百姓轻易地离开故乡，刺激了盗贼的贪欲，使逃亡者得到轻便的资财。粟、米、布、帛等物，产于土地，按时成长，凝结很多人力，不是一天就可以生产出来的；重达数石的粟、米、布、帛，价值有限，一个体力中等的人却已无法搬运，它不会成为盗贼掠夺的目标，但人们一天得不到它们，就得忍受饥寒。所以英明的君主看重五谷而轻视金玉。

"现在五口之家的农民，为官府服徭役的不少于二人，能耕种的土地不过100亩，百亩土地的收获量不超

▼西汉白玉蝉

▼西汉白玉透雕龙凤双重环

▼西汉时期歌舞杂技彩绘俑

过 100 石。农民春季耕种，夏季锄草，秋季收获，冬季贮藏，砍柴，修缮官府房屋，服徭役；春天不能避风尘，夏天不能避暑热，秋天不能避阴雨，冬天不能避严寒，一年四季没有休息的日子；还有民间的人情往来，吊唁死者、慰问病人、赡养父母、哺育子女等负担，都得从 100 石的收获物中支付。农民如此勤劳困苦，还要再蒙受旱涝灾害，官府严苛的政令，繁重的赋税，不按规定时间征收赋税，早上发布的政令晚上又有变化。农民家中有资财的，以半价折卖，贫穷的只好去借双倍利息的高利贷，于是就有人卖土地房宅、卖妻卖子以偿还债务了。而那些行商坐贾，实力大的积贮钱财发放双倍利息的高利贷，实力小的坐在市肆中做买卖，囤积居奇而高价出售，每天游荡在都市之中，得知皇帝急需某种物品，就把价格提高到 2 倍以上。所以商人男的不耕田耘草，女的不养蚕纺织，但衣服一定要穿得非常华丽，吃饭一定是好米好肉。商人不受农民那样的辛苦，却可以得到很多钱财。商人依仗手中大量的钱财，与王侯显贵结交，势力超过了一般官员，于是以财利进行倾轧；商人到千里之外遨游，车子在路上前后相望，络绎不绝。他们乘坐着坚实的车子，鞭策着肥马，踏着丝制的鞋子，穿着精美的白色绸缎衣服。这就是商人兼并农民、农民破产流亡的原因。

“当务之急，没有比使百姓从事农业生产更重要的了。要想使百姓务农，关键在于使全社会重视粮食；使全社会重视粮食的办法，在于朝廷把粮食作为对农民进行奖赏与惩罚的手段。现在招募天下百姓向官府缴纳粮食，由此可以授受爵位、免除罪名。这样，富人有了爵位，农民有了金钱，粮食就可以流通。凡是能够缴纳粮食换取爵位的人，都是有余粮的；收取余粮供给国家使用，就可使国家征收贫民的赋税得以减少，这就是所谓‘损有余，补不足’，这种政令一公布就会有利于民。……得到高级爵位和免除罪名，是天下百姓最迫切的愿望，让天下人输送粮食到边境地区，以换取爵位、免除罪名，不用 3 年时间，边塞的粮食储备就必定很多了。”

▲汉代墓室壁画中反映了上层阶级过着游猎享乐的生活，而农民以农耕为主，艰苦劳作

文帝采纳了晁错的建议，下令规定：百姓输送粮食到边塞，依据输送粮食数量的多少，分别授给高低不同的爵位。

七国之乱

◀汉文帝像

◀维护汉家统治的晁错

汉文帝在位时，吴国的太子进京朝见，得以陪伴皇太子喝酒、赌博。吴太子赌博的时候与太子争棋，态度不恭，太子拎起棋盘就把吴太子砸死了。

朝廷把吴太子的灵柩送回吴地安葬，吴王刘濞生气地说："天下都是刘家的天下，死在长安就葬在长安好了，何必送回来？"于是又送回去，葬在长安。

从此以后，吴王对朝廷的礼节就不再很周到，后来索性称病不去朝见。文帝没有追究，吴王又在他的封地征收赋税，窝藏罪犯。

晁错屡次上书陈说吴王的过错，提出削减他的封地。文帝宽厚，不忍心处罚吴王，吴王因此更加骄横。景帝继位后，晁错又劝说景帝，景帝让群臣在朝廷上讨论。吴王听说后，怕朝廷削减他的封地，就想起兵谋反。

后来朝廷决定削夺吴国的会稽、豫章两郡。诏书送到吴国，吴王立即起兵，杀死了朝廷任命的俸禄在2000石以下的官吏。吴王起兵后，胶西王、胶东王、淄川王、济南王、楚王、赵王也跟着造反。一共7个诸侯国，史称"七国之乱"。

吴王征发了所有的士兵，说："我今年62岁，亲自率领军队；我的小儿子14岁，也跟着军队打仗；凡是年龄大到像我一样，小到像我小儿子一样的，都从军出征。"此战一共发动了20多万人。

吴王在广陵起兵，向西渡过淮河，与楚国的军队会合。一起进攻梁国，节节胜利，梁王被迫退到睢阳据守。吴王还给各诸侯送去檄文，列举晁错的罪名，借口诛杀晁错，想与各诸侯联合。

当初，汉文帝临终前，告诫还是太子的景帝说："假如国家有事，周亚夫是真正能领兵打仗的。"等到七国反叛的消息传来，景帝就任命中尉周亚夫为太尉，统率36位将军带兵前去迎击吴、楚叛军；又派遣曲周侯郦寄攻打赵国，派将军栾布攻打围攻齐国的叛军。景帝又召回窦婴，任命他为大将军，让他屯兵荥阳，监督前往齐国和赵国的汉军。

晁错一向与吴相袁盎关系不好。袁盎曾收取吴王的财物，现在吴王造反，晁错想趁机治袁盎的罪。

袁盎害怕，想办法见到景帝，为景帝出主意，说："吴王和楚王互相写信，说高皇帝分封同姓子弟，各有封地，如今奸臣晁错擅自贬谪诸侯，削夺他们的封地，所以他们才造反，准备一起向西进军诛杀晁错，恢复原有的封地才罢休。现在的办法，只有杀死晁错，派出使者赦免吴、楚七国，恢复他们原有的封地。那么，不用打仗，就可以让七国的军队休兵了。"景帝听后沉默了很久，说：“不知道这样是否真的有效。我倒不会舍不得用他一个人而向天下谢罪的。”袁盎说：“我的计策就是这样，请皇上认真考虑考虑。”景帝就任命袁盎为太常，秘密收拾行装，准备出使诸侯国。

◀节俭爱民的汉景帝

过了10多天，景帝让丞相、中尉、廷尉上书弹劾晁错：“辜负皇上的恩德和信任，想疏远皇上与群臣、百姓的关系，又想把城邑送给叛逆的吴国，不守臣子的礼节，大逆不道。晁错应当腰斩，他的父母、妻子、儿女、兄弟不论老幼全部处死。”景帝批复：“同意。”

晁错却什么也不知道。景帝派中尉召晁错，骗他说坐着车巡察市中，于是晁错穿着上朝的官服在东市被腰斩。

谒者仆射邓公当时担任校尉，向景帝上书分析军事形势。邓公觐见景帝时，景帝问他：“你从军中来，听到晁错被杀，吴国和楚国罢兵没有？”

邓公说：“吴王叛乱是因为朝廷削减他的封地而发怒，真正的目的并不在晁错，只是拿诛杀晁错为借口而已。现在晁错被杀，我担心天下士人都会紧闭嘴巴，不敢再向朝廷进言了。”

景帝问：“为什么呢？”

邓公说：“晁错担心诸侯过于强大，朝廷不能约束，所以请求削减诸侯的封地，这是造福子孙后代的好事。谁知才刚刚实行，他就被杀了。朝廷这样做，是内堵忠臣之口，外替诸侯报仇，我认为陛下不该这样做。”于是景帝发出长叹，说：“你说得对，我也后悔杀了晁错！”

景帝派袁盎与吴王的侄子刘通为使者出使吴国。袁盎、刘通到达吴国，吴军和楚军已开始进攻梁国的壁垒了。因为刘通是吴王的亲戚，就先进去见吴王，让他跪拜接受皇帝的诏书。

吴王听说袁盎来了，猜到他要劝说自己撤兵，就笑着回答说：“我已经做了东方的皇帝，还要向谁跪拜？”吴王不肯见袁盎，而将他留在军营中，准备强迫他担任吴军的将领。袁盎不答应，吴王派人把他押起来，准备把他杀死。袁盎寻机逃脱回来，向景帝报告了具体的情况。

▲西汉壁画：迎宾拜谒

太尉周亚夫对景帝说：“楚军彪悍敏捷，很难在正面交锋中打败他们。我建议放弃梁国，先断绝吴、楚军队的运粮通道，这样才可以制服他们。”景帝同意了这个部署。

周亚夫接连乘坐6辆驿站的马车，准备去荥阳与大军会合。刚走到霸上，赵涉拦住去路，劝说周亚夫：“吴王一向富有，早就收买了一批不怕死的勇士，现在得知将军将要出发去前线，他一定会在崤山、渑池之间地势险要的地方安排刺客对付您。况且军事行动必须隐秘，你不如改变路线往右走，过蓝

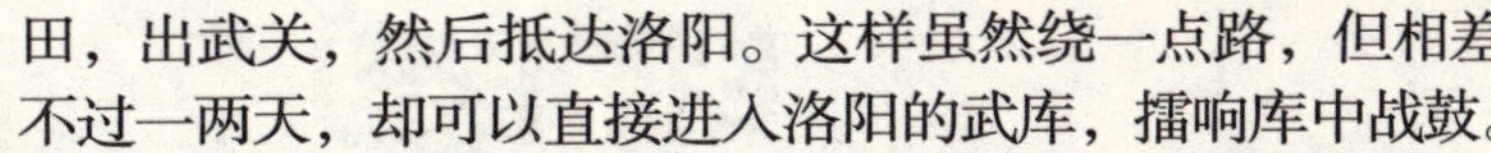

田，出武关，然后抵达洛阳。这样虽然绕一点路，但相差不过一两天，却可以直接进入洛阳的武库，擂响库中战鼓。参与叛乱的诸侯听到了，会以为将军是从天而降呢！”

▶周亚夫画像

周亚夫就按照他的计策，改变路线，到达洛阳，高兴地说：“7个诸侯国一起反叛，我乘坐驿站的马车到达这里，居然毫发无伤，真是出乎意料之外。现在我已经占据荥阳，荥阳以东的地区就没有什么值得担忧的了。”周亚夫派出官吏在崤山、渑池之间搜索，果然抓住了吴国的伏兵，于是就奏请景帝，让赵涉担任护军。

周亚夫往东北行军，到达昌邑。吴军猛攻梁国，梁王多次派使者向周亚夫求救，周亚夫都不答应。梁王又派使者向景帝告状，景帝就派人诏告周亚夫，让他救援梁国。周亚夫不接皇帝诏书，仍然坚守营垒，不让军队出战，但却命令弓高侯韩颓当等人率领轻骑兵从淮泗口穿出，断绝吴、楚军队的后路，堵塞吴、楚军队的运粮通道。

◀梁孝王陵墓内的梁孝王塑像

梁国派中大夫韩安国及楚相张尚的弟弟张羽为将军。张羽作战勇猛，韩安国老成持重，这才得以稍稍挫败吴军。吴军想向西挺进，但因为梁军据守着城池，便不敢绕过去继续向西。于是吴军就前来进攻周亚夫的军队，两军在下邑相遇，吴军急于求战，周亚夫坚守营垒不肯出战。

吴军向汉营的东南方调集军队，周亚夫却下令加强西北方向的防御。不久，敌人的精兵果然突袭西北方，却因汉军早有防备，不能攻入。吴、楚士兵有许多被饿死，或者背叛离散，于是吴王率领军队撤退。周亚夫派出精锐部队追击，大败敌军。吴王刘濞丢下他的军队，与几千名勇士一起连夜逃跑，楚王刘戊自杀。

因为吴王丢掉军队自己逃跑，吴军也就崩溃瓦解了，各部队逐渐向周亚夫和梁国的军队投降。朝廷派人用好处收买东越首领，东越首领就骗吴王出来慰劳军队，然后派人刺杀了吴王。

▶扬州博物馆的刘濞雕像

吴、楚军队已经战败，其他诸侯见大势已去，不是向朝廷投降，就是据城死守。后来胶西王向汉军投降，在军营前自杀。胶东王、淄川王、济南王也都被处死。赵王据守邯郸城，后来汉军引水淹邯郸，城墙毁坏，赵王刘遂自杀。七国之乱被平定。

飞将军李广

汉景帝中元六年（公元前 144 年）六月，匈奴攻入雁门关，到达武泉县；并攻入上郡，抢走了官府牧马场里的马匹。汉朝将士战死的有 2000 人。

陇西人李广担任上郡太守，曾率领 100 名骑兵出巡，遇到几千名匈奴骑兵。匈奴人看见李广的部队，还以为是汉军派出来引诱敌人的，都吃了一惊，占据高山摆开阵势。

李广所率领的 100 名骑兵都很害怕，想骑着马跑回去，李广制止说："我们离大部队还有几十里，如果就这样往回跑，匈奴骑兵一定会追射我们，很快就会把我们全部消灭掉。现在我们留在这里，匈奴人一定以为我们是诱敌的部队，不敢前来攻击我们。"

于是李广命令手下骑兵："前进！"距离匈奴军阵 2 里远的地方，他让大家停下来，下令说："全部下马，解下马鞍！"

手下骑兵说："敌人很多，而且离我们很近，万一出现紧急情况怎么办呢？"

李广说："敌人以为我们会逃跑，现在我让你们都解下马鞍，向他们表示我们不会逃走，以此来坚定他们认为我们是诱敌部队的想法。"结果匈奴骑兵真的不敢进攻。

有一位骑白马的匈奴将领出阵，掩护匈奴军队，李广骑上马，和 10 多个骑兵飞奔而去，射死了骑白马的匈奴将军；然后又返回到他手下骑兵阵营中，解下马鞍，命令士兵放开战马，然后卧地休息。这时，正好是黄昏，匈奴骑兵一直对李广部队的行为迷惑不解，还是不敢进攻。

▲李广弯弓搭箭图

到了半夜，匈奴军队仍然认为汉朝军队在附近有埋伏，想趁着夜色袭击他们，于是率领士兵撤走了。黎明时分，李广的小分队才回到他的大军营垒。

汉武帝元光元年（公元前 134 年），卫尉李广担任骁骑将军，驻守云中郡。中尉程不识担任车骑将军，驻守雁门郡。六月，朝廷罢免了他们二人的军事职务。李广和程不识都以边境郡守的身份指挥军队，在当时很有名气。李广指挥行军没有固定编制和行列阵势，选择水草肥美的地方驻扎下来，人人自便，夜间也不派设巡更士兵敲打着刁斗警卫营盘，军中指挥部的文书简单便捷；但是，李广也远远地派出监视敌军的侦察哨兵，军营未曾遭到袭击。

▲壁画：李广骑马射虎图

▶1972年鄂尔多斯市杭锦旗出土的匈奴王金冠，其距今已有2000多年的历史

程不识则整肃军事编制，讲究队列和布阵安营，夜间敲刁斗巡逻，军中官佐处理军队文书一直忙到天明，军队不能随意休息；然而也没有遇到危险。程不识说：“李广的军队很简单随便，但是，如果敌人突然袭击它，就没有办法抵御；而李广的士兵也都很轻松自在，都心甘情愿地为他拼力死战。我的军队虽然军务烦扰，但敌人也不能侵犯我。”但是，匈奴人更害怕李广的谋略，汉军士兵也多数愿意跟随李广作战，而苦于跟随程不识。

▶汉代匈奴铜制牌饰

元光六年（公元前129年），匈奴人侵上谷郡，杀害抢掠官吏百姓。武帝派遣车骑将军卫青从上谷郡出兵，骑将军公孙敖从代国出兵，轻车将军公孙贺从云中郡出兵，骁骑将军李广从雁门郡出兵，各自率领10000骑兵，出击屯兵在边关贸易市场附近的匈奴军队。

▶匈奴人的野兽纹金牌饰

卫青进攻到龙城，斩首和俘获匈奴700多人；公孙贺一无所得；公孙敖被匈奴打败，损失了7000骑兵；李广也被匈奴打败。

匈奴人活捉了李广，把他安置在两匹并行的马匹中间，让他躺在用绳子结成的网袋中，走出了10多里路。李广先是装死，后来突然纵身跃起，跳到了一个匈奴人骑坐的马上，夺得他的弓箭，赶着马向南奔驰，于是，李广得以逃脱归来。

秋季，匈奴用20000骑兵入侵汉境，杀死辽西郡的太守，掳去2000多人，围困韩安国指挥的汉军营垒；又侵入渔阳郡和雁门郡，在两地各杀害或掳掠了1000多人。韩安国迁往更远的东方，率军驻守北平；数月之后，病死。武帝再次起用李广，任命他为右北平郡太守。匈奴称李广为“汉朝的飞将军”，畏避李广，连续几年不敢入侵右北平郡。

元狩四年（公元前119年），汉武帝派出大军袭击匈奴。郎中令李广屡次请求让自己出征，武帝认为他年事已高，没有批准，过了很长时间才答应，任命他为前将军，跟随大将军卫青。

卫青出塞后，自俘虏口中得知单于住地，便亲自率精兵挺进，命李广与右将军赵食其合兵一处，从东路进军。东路要绕道，路途遥远，水源和青草也比较少，李广就向卫青请求说：“我是前将军，应该做前锋，如今您却另外让我从东路进军。而且我从少年时就开始与匈奴作战，直到今天才有机会正面对付单于，所以希望能在大军前面做先锋，先去和单于决一死战。”

临行前，武帝曾私下里告诫卫青，说："李广年纪已老，运气又不好，不要让他正面攻击单于，不然的话，恐怕他不能完成擒获单于的任务。"而且公孙敖不久前失去侯爵爵位，卫青也想给他立功的机会，让他与自己一同在正面与单于作战，所以将前将军李广调到东路。李广得知内情后，坚决向卫青推辞。卫青没有同意，于是李广没有向卫青辞行，就率领军队出发，心中十分恼怒。

卫青率大军出塞1000余里，横穿大沙漠，见匈奴单于的军队正列阵以待，便下令将兵车环绕一周结成营阵，派出5000骑兵攻击匈奴，匈奴也派出约10000骑兵迎战。恰好太阳将要西沉，狂风忽起，两军士卒相互不能分辨。卫青增派左右两翼的军队包抄单于。单于见汉军人多，兵马仍然很强，估计自己打不过汉军，便乘坐6匹健骡，在数百名精壮骑兵的保护下直冲汉军防线，向西北方向飞奔而去。这时天已黑，汉军与匈奴的将士们仍在激烈搏杀，双方损失大体相当。汉军左翼校尉报告卫青说，他从抓到的俘虏那里得知，单于已在天未黑时离去。于是卫青派出轻骑兵连夜追击，自率大军跟随其后，匈奴兵也四散逃走。将近天明时，汉军已追出200余里，没有抓到单于，但擒获和斩杀匈奴19000余人。于是到窴颜山赵信城，夺得匈奴的存粮供应军队。在该地停留一日之后，将该城和所余的粮食全部烧光，然后班师而还。李广与赵食其率领的东路军因为没有向导，在沙漠中迷失了方向，所以落到了卫青的后面，没能赶上与单于的战斗。等到卫青率领军队班师，经过沙漠南部时才遇到李广和赵食其二位将军。

汉武帝刘彻

卫青派长史责问二人迷路的情况，并命李广到大将军处听候传讯。李广说："校尉们没有过错，是我自己迷了路，我现在自己到大将军幕府去受审。"他又对自己的部下说："我从少年时开始作战，与匈奴大大小小打了70多仗，这次有幸跟着大将军出征，能够与单于正面交锋。谁知大将军将我的部队调到东路，路绕且远，结果还迷失了方向，这难道不是天意吗？况且我60多岁了，总不能再去面对那些刀笔小吏吧？"于是拔刀自刎。

汉武帝墓前的马踏匈奴石雕

李广为人清廉，得到赏赐就分给他的部下，吃喝与士兵一起，在2000石俸禄的职位上做了40多年，家里却没有多余的财产。他的手臂很长，擅长射箭，估计射不中目标就不发箭。他带领军队在困难的情境下找到水源，士兵们还没有都喝到水，李广自己就不喝；士兵们还没有都吃过饭，李广自己就不吃，士兵们因此都乐意追随他。及至李广自杀，全军将士没有不痛哭的；百姓听说后，不管认识还是不认识他的，无论老少都为他流泪。

卫青功封大将军

▶名震匈奴的卫青

匈奴右贤王屡次侵扰朔方。武帝令车骑将军卫青率3万骑兵从高阙出击，卫尉苏建为游击将军，左内史李沮为强弩将军，太仆公孙贺为骑将军，代国丞相李蔡为轻车将军，都由车骑将军卫青统领，全部自朔方出击；大行李息、岸头侯张次公为将军，都从右北平出击；一共10多万人前往攻击匈奴。匈奴右贤王以为汉军距离遥远，饮酒大醉。卫青等人率兵出边塞六七百里，乘夜到达，把右贤王军营包围起来。右贤王大惊，急忙率数百名强壮骑兵冲出包围，向北方逃走。汉军俘虏了右贤王的裨将10多人，男女部众15000余人，牲畜近百万头，于是班师回朝。

卫青率军回至边塞，汉武帝派使臣带着大将军印信来到，在军中拜卫青为大将军，各路将领皆归卫青统领。之后汉武帝又加封卫青食邑8700户，并将他的3个儿子卫伉、卫不疑、卫登都封为列侯。

卫青坚决辞谢，说道：“我有幸能够在军中效力，仰仗陛下的神灵，获得大胜，全都是诸位校尉奋力作战的功劳。陛下已增加了我的封邑，我的儿子还在襁褓之中，并无功劳，陛下却要划出土地封他们三人为侯，这就不是我效力军中、鼓励将士奋力战斗的本意了。”汉武帝说道：“我并没有忘记诸位校尉的功劳。”

于是，封护军都尉公孙敖为合骑侯，都尉韩说为龙额侯，公孙贺为南窌侯，李蔡为乐安侯，校尉李朔为涉轵侯，赵不虞为随成侯，公孙戎奴为从平侯，李沮、李息及校尉豆如意都被封为关内侯。

从这以后，卫青尊贵受宠，在群臣中无人能与之相比，自公卿以下官员，都卑恭奉事他，唯有汲黯用平等的礼节与他相见。有人劝汲黯说：“皇帝意旨要群臣比大将军低下，大将军地位尊贵，你不可以不对他礼拜。”汲黯说：“大将军因为有平等作揖的客人，不是反而更被敬重吗？”

大将军听说后，觉得汲黯贤明，几次前去请教国家和朝廷的疑难问题，对汲黯比原来更好。

▲卫青墓位于兴平市南位乡道常村西北，在茂陵东北1000米处，东侧是霍去病墓

苏武不辱使命

◀汉武帝是中国历史上第一位派大军深入匈奴腹地进行决战的皇帝

汉武帝天汉元年（公元前 100 年），武帝嘉许匈奴单于的义举，派中郎将苏武送还扣留在汉朝的匈奴使者，顺便用厚礼馈送单于，答谢他的好意。苏武与副中郎将张胜及暂时充任使团官吏的常惠等共行。到匈奴后，盛列礼品送给单于，单于却更加骄横，不是汉朝所期望的。

恰在此时，曾经归降过汉朝的匈奴缑王与长水人虞常等以及卫律率领投降的一些人，暗中互相谋划劫持单于的母亲阏氏回归汉朝。卫律的父亲原是长水地方的匈奴人，卫律与协律都尉李延年要好，李延年推荐卫律出使匈奴，出使回来，得知李延年全家被捕，于是逃跑投降了匈奴。单于很赏识他，同他商讨国家大事，封他为灵王。虞常在汉朝时，素与副中郎将张胜要好，私下见张胜说："听说汉朝天子非常怨恨卫律，我可以替汉朝用伏兵把他射死。我的母亲、弟弟在汉朝，希望他们能得到赏赐。"张胜答应了他，送给他很多货物。之后过了一个多月，单于外出打猎，只有阏氏和子弟们在，虞常等 70 多人想要动手，其中有一人连夜逃走去告发。单于的子弟们发兵同他们相互攻打，缑王等人全被杀死，虞常被俘。

单于让卫律处理此事。张胜得知后，怕原来同虞常说的话泄露，就把情况告诉了苏武，苏武说："事情既然如此，一定会牵连到我，等受到匈奴的侵辱再死，就更加有负于国家。"于是准备自杀，张胜、常惠一起制止了他。后来虞常果然供出了张胜。单于大怒，召集重要大臣商议，要杀掉汉朝使者。匈奴左伊秩訾说："谋杀卫律就要处死，如果谋杀单于，又该怎样加重处罚呢？应该让他们都投降。"单于让卫律召苏武前去接受审问。苏武对常惠等人说："如果卑躬屈节，有辱我们的使命，即使活着，又有何面目再回到大汉呢！"说完拔出佩刀刺入自己的身体。卫律大吃一惊，一把将苏武抱住，急忙召医生前来救治。苏武半日才慢慢苏醒。常惠等痛哭，将苏武抬回驻地。单于很钦佩苏武的气节，早晚都派人问候，而将张胜逮捕。

苏武逐渐痊愈，单于派人告诉苏武，希望他归降匈奴。正在此时，虞常被定为死罪，单于想借此时机逼苏武投降。斩杀虞常后，卫律说："汉朝使臣张胜谋杀单于近臣，应当处死，单于招募愿降者，赦免其罪。"举剑要刺张胜，张胜请求投降。卫律又举剑威胁苏武，苏武纹丝不动。卫律说："苏武君，我先前背弃汉朝归附匈奴，有幸承蒙大恩，被赐予王号并拥有臣民数万，牛、马等牲畜满山，竟有如此富贵！苏武君今日投降，明日也是这样，否则白白横尸荒野，又有谁知呢？"苏武不回答。卫律又说："你要是听我的话，归降匈奴，我与你就如兄弟一般；如今日不听我的建议，以后即使想再见我，还能够办得到吗？"苏武骂道："你身为汉朝臣子，却不顾恩义，背叛君主、亲人，投降蛮夷异族，我见你干什么！况且单于信任你，让你决定别人的生死，你不但不公平处理，反而想挑动两国君主相互争斗，在一旁坐观成败。你明知我不会投降，却想借此挑起两国之间的战争，只怕匈奴的灾难将会从我开始了。”

卫律明白苏武终究不会受他的胁迫，只得禀报单于。单于见苏武如此忠心，越发想争取他归顺，便将苏武囚禁于一个大地窖中，断绝苏武的饮食，企图逼其就范。当时正下大雪，苏武躺在地上，靠吞食雪片和衣服上的毡毛充饥，几天后竟然未死。匈奴人以为有神灵庇护，便将苏武放逐到北海荒无人烟之处，让他放牧一群公羊，并对苏武说：“等到公羊生下小羊，你就可以回国了。”常惠等使团中不肯投降的官员，也被分别扣留在其他地方。

苏武被流放到北海后，饿了就挖掘田鼠吃，把草籽收藏起来，以备食用。随身携带汉朝使臣的符节，昼夜不离，以至节杖上的毛缨全脱落了。

苏武在汉朝时与李陵一起做侍中，李陵投降匈奴后不敢求见苏武。过了很长时间，单于派李陵到北海为苏武摆下酒筵并以乐队助兴。李陵对苏武说：“单于听说我与你一向情谊深厚，所以让我来劝说你。单于诚心希望你归顺，准备以高官重任相待。你终归回不了汉朝，只是白白地自找苦吃，在这没有人烟的荒地，你的信义节操又有谁看到呢？你的兄弟二人都因犯罪而自杀，我来匈奴前，你的母亲已不幸去世，你的妻子年轻，听说已经改嫁了，只剩2个妹妹、2个女儿和一个儿子。如今又过了十几年，是否还在人世，不得而知。人的一生犹如晨露一般短暂，何必如此长久地自寻苦吃！我刚投降时，精神恍惚，如同疯子，痛恨自己辜负了汉朝，还连累老母被拘禁牢狱。你不想投降的心情怎么会超过我！而且陛下年事已高，法令变化无常，大臣中无罪却被灭族的有几十家，是安是危无法预测，你这到底又是为了谁呢？”

苏武听后说：“我父子本无才德功绩，全靠皇上栽培，才官居将军，爵封列侯，兄弟也在皇帝左右侍奉，我总想能肝脑涂地，以报达皇帝的恩德。现在能够为国殉身，哪怕是遭受斧钺、汤镬的残酷刑罚，我也心甘情愿！”

李陵与苏武一连饮酒数日，又劝道：“你再听我一句话！”苏武说：“很久以来我就知道自己必死无疑，如果你一定要我苏武投降的话，请结束今日的欢聚，我就死在你的面前！”

李陵见苏武一片至诚，长叹道：“唉，真是义士啊！我和卫律的罪过之大上通于天！”不觉泪湿衣襟，同苏武诀别离去，赐给他数十头牛羊。

后来李陵又到北海，告诉苏武武帝驾崩的消息。苏武面向南方，放声痛哭，致使吐血，每天早晚都是这样哭，历时数月之久。

老单于去世，新单于即位。卫律给单于出主意，与汉朝和亲。汉朝使者到后，寻找苏武等人，匈奴假称苏武已死。

后来汉朝使者又来到匈奴，常惠暗中面见汉使，教使者对单于说：“天子在上林苑射猎，射到一只雁，雁脚上系着一封帛信，说苏武等人在一个水泽中。”使者大喜，按照常惠说的责问单于。单于非常吃惊，向汉朝使者道歉说：“苏武等人确实还活着。”于是归还苏武等人。

李陵设酒宴祝贺，对苏武说：“现在你要回归汉朝，你的名声在匈奴传播，你的功勋在汉朝显扬，即使史籍所载、丹青所画的古人，又有谁能超过你呢？我虽然怯懦无能，如果汉朝宽恕我的罪过，保全我老母的性命，使我能够在蒙受大辱后振奋意志，也许可以有鲁国的曹刿在柯地劫持齐君订立盟约那样的壮举！然而杀了我的全家，这是世间最重的刑罚，我李陵还有什么可顾念的呢？如今一切已过去，只是希望你知道我的心罢了！”说完泪流不止，与苏武诀别。

单于召集苏武的随从及汉朝官员，除已投降和死去的以外，随苏武回汉朝的有9人。回到汉朝后，昭帝特令苏武用太牢之礼到武帝的陵庙祭拜，任命他为典属国，并予以重赏。苏武被扣留在匈奴19年，去时正当壮年，回来时胡子头发全白了。

◀威武不能屈，富贵不能淫的苏武

司马迁惨遭宫刑

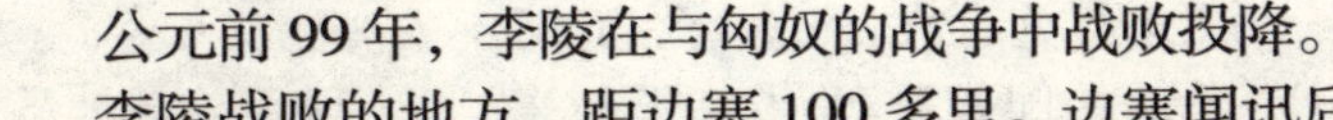

▶太史令司马迁

公元前 99 年，李陵在与匈奴的战争中战败投降。

李陵战败的地方，距边塞 100 多里。边塞闻讯后立即上报朝廷，汉武帝本希望李陵能死战，后听说他投降匈奴非常愤怒。责问陈步乐，陈步乐自杀而死。

汉武帝问太史令司马迁对此事的看法，司马迁竭力为李陵分辩说：

“李陵对父母孝顺，对士人讲信义，常常奋不顾身，赴国家急难，这正是他平时的志愿所在，颇有国士风范。如今出征偶然不幸失败，那些保全自身性命和妻子儿女的臣子就跟着捏造他的短处，实在令人痛心！

▶汉将李陵

“况且李陵率领的步兵不到 5000 人，深入满是战马的匈奴腹地，抵挡数万敌军；匈奴被打得连救死扶伤都顾不过来，将全国所有能拉弓射箭的人全部调来围攻李陵。李陵率部转战千里，箭矢用尽，无路可走，将士们手拿着没有箭的空弩机，冒着敌人锋利的枪尖刀刃，仍然面向北方拼死力战，能够得到部下这样的拼死效力，即使是古代的名将，也不过如此！

“李陵虽然兵败，但他对匈奴的打击也足以使他名扬天下了。李陵之所以没有去死，想必是要寻找时机报效国家。”

汉武帝认为司马迁在诬陷欺骗，是为了诋毁李广利，为李陵游说开脱，下令对司马迁施以了宫刑。

很久以后，汉武帝才对原先使李陵陷入孤立无援的境地表示后悔，说道：“应当在李陵率军出塞时，再让强弩将军路博德前去接应；而我预先就颁下诏书，使老将路博德生出奸诈之心，不肯接应李陵。”于是派使臣对逃脱回来的李陵余部进行慰劳赏赐。

▲1958 年春，郭沫若为司马迁祠题诗，并铭刻新立石碑上，诗云：龙门有灵秀，钟毓人中龙。学识空前富，文章旷代雄。怜才膺斧钺，吐气作霓虹。功业追尼父，千秋太史公。

侯应谏撤守边士卒

◀王昭君与匈奴人民相处很好，匈奴人把她当作自己的亲人，匈奴和西汉从此和平友好，西汉北部边疆也出现安宁局面

汉元帝竟宁元年（公元前33年）正月，匈奴呼韩邪单于前来朝见，请求准许他做汉朝的女婿，意在拉近同汉朝的关系。元帝把后宫良家女子王嫱（字昭君）赐给单于。

单于很高兴，上书汉元帝："愿意世世代代守卫从上谷西至敦煌的边塞，请求撤回守边的军吏士卒，使天子的人民得到休息。"

元帝把上书交给有关官员讨论，参加讨论的官员都认为可以接受。郎中侯应熟习边防事务，认为不能答应。

元帝问他原因，侯应说："周朝和秦朝以来，匈奴暴戾强悍，不断侵略边境。汉王朝建立之初，尤其受到它的伤害。据我了解，北方边塞，东到辽东，外有阴山，东西长达1000余里，草木茂盛，禽兽众多。本来冒顿单于依赖这里地势险要，制造弓箭，出来抢劫，正是匈奴畜养禽兽的圈地。直到孝武皇帝出军北征，把这一地区夺到手，而将匈奴赶到大漠以北。在这一地区，建立城堡，修筑道路，兴建外城，派遣军队前往屯戍守卫。然后，边境才比从前稍稍安宁。漠北土地平坦，草木稀少，沙漠相连。匈奴前来侵扰，缺少隐蔽之地。边塞之南，道路深远，山谷起伏，往来十分困难。边塞老一辈的人说：'匈奴丧失阴山后，每次经过那里都伤心痛哭。'如果撤走边防军队，对夷狄大为有利，这是不能答应的理由之一。

"现在，圣上的恩德宽阔广大，如天一样覆盖着匈奴。匈奴人得到拯救，才能活下去，感激救命之恩，叩头称臣。不过，夷狄的性情，穷困时谦卑顺从，强大时骄傲横逆，天性如此。前些时，已撤除了外城，减少了亭、燧等军事建筑，现在的边防军队，仅够担任瞭望、互通烽火而已。古人居安思危，边防不可再撤除，这是理由之二。

◀汉元帝像

"中国有礼义的教育，有刑罚的惩处，愚昧的小民还要犯禁，何况匈奴单于，他能绝对保证他的部众不违犯规定吗？这是理由之三。

"在边塞设置亭障，屯田戍守，不仅仅是为了防备匈奴，也是因为各属国的降民，他们本是匈奴人，恐怕他们念旧而逃亡。这是理由之四。

"近年来，接近边塞的西羌部落与汉人来往。汉朝的官吏小民贪图财利，掠夺盗取他们的牲畜，甚至强占他们的妻子，因为这些怨恨，激起他们叛变。现在

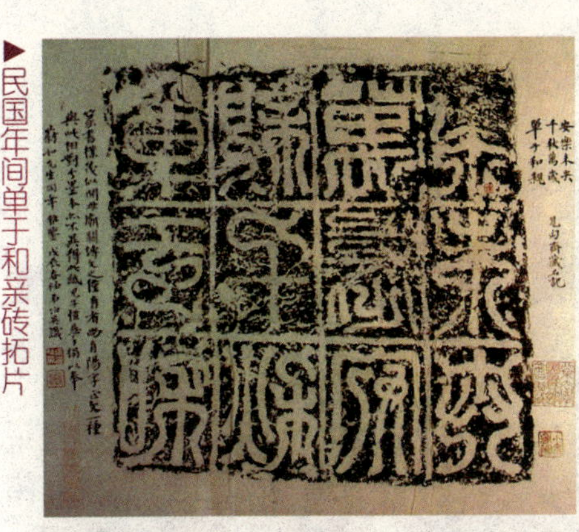
民国年间单于和亲砖拓片

如果撤除边防军队，可能发生这种因欺侮而起的纷争。这是理由之五。

“过去，从军的战士很多人没有回来，留在匈奴，他们的子孙生活贫困，有可能大批前往匈奴投靠亲友。这是理由之六。

“边境一带，奴仆婢子忧愁悲苦，想逃亡的人多，都说：‘听说匈奴那里快乐，无可奈何的是边塞的监视太紧！’然而仍时常有逃出边塞的人。这是理由之七。

“窃贼强盗凶暴狡诈，结成团伙触犯法令，如被追捕急了，就会北逃匈奴，则不可以制裁。这是理由之八。

“自从在边境设立要塞以来，已有100余年。这些边塞，并不完全用土筑墙，有的利用悬崖绝壁，有的利用大石巨木，有的利用深沟险谷，有的利用水峡渡口，稍微整平，由士卒和囚卒及囚徒修建，长年累月，用去劳力、经费难以计算。我恐怕那些主张撤除边塞的人，没有很好地考虑到事情的来龙去脉，仅为了节省徭役戍守的权宜之计，就忽视事情的长远利害关系，想用快刀斩乱麻的简单手段。十年之后，百年之内，如若突然发生变化，要塞破坏，亭、隧毁绝，道路湮没，就得重新调遣屯卒修建。但是，百余年累积下来的工程不可能马上修复，这是理由之九。

“若撤回驻守要塞的边卒，省去守望戒备，边境一片太平，匈奴单于就认为他替汉朝保卫了边境，对汉朝有大恩大德，因此就会不断请求赏赐，若稍有不满，使他失望，后果就难以预测。这是给夷狄制造机会，毁灭中国自己的坚固守卫。这是理由之十。

“因此说撤除防守边塞的士卒，不是保持永久太平、控制外夷的长远策略啊！”

位于呼和浩特大黑河畔呼韩邪单于与王昭君的雕像

听完侯应的论述，天子下诏说：“停止讨论撤除边塞的事情。”并派车骑将军许嘉向单于传达口谕说：“单于上书，请求汉朝撤销北塞吏士守卒，愿子子孙孙、世世代代替汉朝保卫边境。单于向礼慕义，为中国百姓打算的一番好心善意，的确是使国家长治久安的好策略。朕非常感谢！但是中国四面八方边境，都设有关卡、津梁、亭障、城塞，并不仅为了防备塞外的侵扰，也是用来防止中国境内的奸邪之徒，以防万一他们言行越轨放纵，逃出边境，出塞为害。因此，要使他们了解法度，专一民心，使他们不敢作恶。单于的美意，朕决不怀疑。恐怕单于误会为什么不撤去边防，因此派许嘉向单于说明。”

呼韩邪单于道歉说：“我愚昧，不知大汉天子的周详大计，感谢派使臣来告诉我，待我这么优厚！”此事就此作罢。

汉宫飞燕

◀汉成帝与班婕妤出行图

许皇后与班婕妤都受到成帝的宠爱。有一次，成帝在后宫庭院游玩，想和班婕妤同乘一辆车，班婕妤辞谢说："观看古代的图画，圣贤的君王身边都是名臣相随，三代末世的君王身边才有宠妾。现在陛下想和我同乘一辆车，是不是有些类似呢？"成帝对她的回答很赞赏，于是作罢。太后听说后也非常高兴，说："古有樊姬，今有班婕妤！"

后来，成帝微服出行，经过阳阿公主家时喜欢上公主家的舞女赵飞燕，就召她进宫，大加宠幸。赵飞燕有个妹妹，也被召进宫，姿容特别美艳。左右的人见了她，都惊叹赞美。

汉宣帝时候的一位披香博士淖方成当时正站在成帝身后，他唾骂她们说："这是祸水呀，一定会灭了汉朝的！"

赵飞燕姐妹都被封为婕妤，一时尊贵荣宠，压倒后宫，许皇后、班婕妤都失宠了。赵飞燕还向成帝进谗言，说许皇后、班婕妤用妖术诅咒后宫的美人，蛊惑皇上。

鸿嘉三年（公元前 18 年）十一月，许皇后被废，迁居昭台宫。许皇后的姐姐许谒等人都被处死，亲属都被驱逐回原来的郡县。

拷问班婕妤时，班婕妤回答说："我听说'死生有命，富贵在天'。我修行持正，尚且没有享到幸福，如果做邪恶的事，就更不用想有好结果了。假使鬼神有知，不会听从蛊惑主上的诅咒；假使鬼神无知，向鬼神诅咒又有什么用呢？所以我是不会这样做的。"

成帝认为她说得有道理，就赦免了她，并赐黄金百两。赵氏姐妹骄横好妒，班婕妤害怕时间长了终为所害，就请求到长信宫侍奉太后。成帝答应了。

永始元年（公元前 16 年），成帝想立赵飞燕为皇后，皇太后嫌她出身卑微低贱，就进行阻拦。太后姐姐的儿子淳于长任侍中，经常到东宫为成帝传话。过了一年多，太后才答应成帝立赵飞燕为后。

赵飞燕当上皇后，成帝对她的宠爱稍有减少。而她的妹妹却倍加受宠，被封为昭仪，住在昭阳舍，中庭的墙全漆上朱红色，殿上漆成黑色；门框全包上铜，再涂上黄金；台阶用白玉雕成；屋内墙壁的横木上嵌着黄金环，环里镶着蓝田美玉、明珠，还有孔雀的羽毛装饰。这是后宫从来没有过的华丽奢侈。

赵皇后住在另外的宫殿，经常和侍郎、宫奴私通。赵昭仪曾对成帝说："我姐姐性格刚烈，如果被人诬陷，赵氏就要灭族了！"哭得很悲伤。成帝相信了她的话，所以当有人报告皇后的奸情时，成帝就把报告者杀死。从此以后赵皇后公开淫乱，再也没有人敢向成帝报告。赵皇后到死也没有生得一子。

王莽篡权

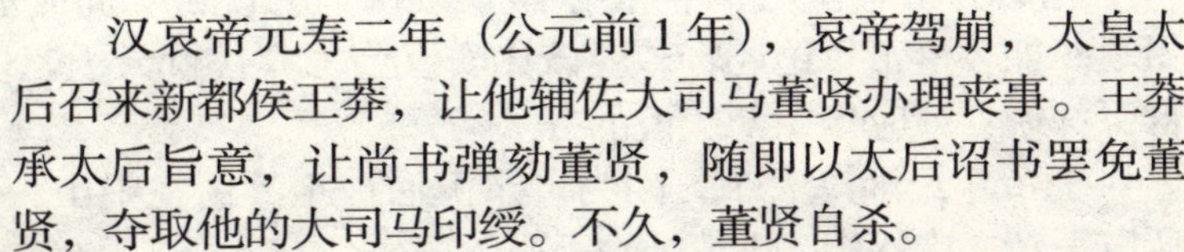

▶王莽像

汉哀帝元寿二年（公元前1年），哀帝驾崩，太皇太后召来新都侯王莽，让他辅佐大司马董贤办理丧事。王莽承太后旨意，让尚书弹劾董贤，随即以太后诏书罢免董贤，夺取他的大司马印绶。不久，董贤自杀。

太皇太后下诏让公卿举荐大司马人选。王莽从前当过大司马，名声又好，所以满朝文武都举荐王莽。只有前将军何武、左将军公孙禄互相商量，认为外戚专权危害社稷，所以不举荐王莽，两人各自举荐对方为大司马。最后，太皇太后亲自任命王莽为大司马，主管尚书事务。

王莽当上大司马后，就利用外戚的权力，在宫廷内外排除异己。王莽因大司徒孔光是著名的儒家学者，辅佐过三位君主，就极力尊崇孔光。

王莽对自己平素不喜欢的人，就罗织罪名，写下弹劾的奏章，让孔光的女婿甄邯拿给孔光，以太后的意思暗示孔光。孔光一向畏惧他，不敢不上奏。然后王莽再告诉太后自己的意见，太后总是批准。于是，王莽弹劾何武、公孙禄两人互相保举一事，二人都被免去官职，何武被遣送回原来的封国。

从此以后，依附和顺从王莽的人就能被提拔，违背和怨恨王莽的都被诛杀。王莽任用王舜、王邑为心腹，甄丰、甄邯负责弹劾、管理司法，平晏掌管机要事务，刘秀负责起草文书，孙建掌管军事。甄丰的儿子甄寻、涿郡人崔发、南阳人陈崇都因为有才干而受王莽宠幸。

王莽神色严肃，言语直接，想做什么，只要稍微暗示一下，党羽就会按照他的意思上奏。他对上迷惑太后，对下获取众人的信任。

平帝当时只有9岁，太皇太后临朝听政，大司马王莽把持国政，群臣都听王莽的。王莽的权势日益强盛，孔光非常忧虑恐惧，不知该怎么办，于是上书告老还乡。王莽对太后说，皇帝年纪还小，应该给他设师傅，调任孔光为皇帝的太傅，位居四辅，兼任给事中，负责宫里的护卫、供养，兼管宫中官署门户，检查皇帝的衣服、用品、食物。

元始元年（公元1年），太皇太后下诏，任命王莽为太傅，主管四辅事务，号安汉公，加封采邑28000户。王莽接受了称号，但辞让加封的采邑，说："希望等到百姓家家丰足后，再接受加封。"

王莽既已讨好官吏百姓，就一心想要专权。他知道太皇太后年纪大了，厌倦政事，就暗示公卿上书，说："过去的规矩，是按照官吏的功绩逐级提升到2000石。各州刺史所推荐的茂才和才能突出的官吏，很多都不称职，应该让他们去谒见安汉公。另外，太皇太后年老，不适合再亲自过问这些小事。"

于是让太皇太后下诏，说："从今以后，只有封爵之事才禀告我，其他事项都由安汉公王莽和四辅决定。新任命的州牧、2000石以及茂才出身的官吏奏报情况，就直接引到安汉公官署回答所问问题，安汉公考核过去官吏的政绩，询问到任后打算如何施政，以了解他们是否能称职。”于是王莽对这些官员一一接见询问，关怀备至，示以恩意，赠送厚重的礼品。对那些不迎合他旨意的人，就公开奏报，予以免职。王莽的权力几乎与皇帝相等了。

元始五年（公元5年），泉陵侯刘庆上书说：“周成王年幼，由周公居位摄政。如今皇帝年纪还轻，应该让安汉公王莽代行天子职权，就像周公那样。”群臣都说：“应该照刘庆说的办。”

平帝年纪渐渐大了，因为母亲卫后被王莽留在中山，不让他们母子见面。所以平帝心中怨恨，非常不高兴。

十二月，王莽借着腊日向平帝进献椒酒，在椒酒里下毒。平帝中毒生病，王莽写下策书，请求到泰畤祈祷上天，愿意自己代替平帝去死。然后把策书藏在金柜里，放在前殿，敕令大臣们不准说出去。

不久，平帝在未央宫驾崩，太皇太后与群臣商量册立子嗣。元帝没有后代，宣帝的曾孙为王的有5人，为列侯的有48人，王莽厌恶他们都已成年，就说：“兄弟之间不能相互作为后代。”于是征召宣帝的玄孙，逐一挑选。

当月，前辉光谢嚣上奏，武功县县令孟通疏浚水井的时候，挖出一块白色的石头，上圆下方，上面写有朱红色的文字：“宣告安汉公王莽为皇帝。”于是符命之说，从此兴起。

王莽让大臣们把符命的事告诉太皇太后，太皇太后说：“这是欺骗天下，不能施行！”

太保王舜对太皇太后说：“事已如此，也没有办法，即使想阻止他，我们也没有足够的力量。王莽也没有别的企图，只想公开摄政，加强自己的权力，慑服天下罢了。”太皇太后知道不可以这样做，但又没有力量阻止，只好同意。

王舜等人一起让太皇太后下诏，说：“孝平皇帝短命驾崩，已经命令主管部门征召孝宣皇帝曾孙23人，挑选合适的做孝平皇帝的子嗣。玄孙年龄还小，如果不求得有最高德行的君子辅佐，怎么能够安定？

“安汉公王莽，辅佐三代，与周公时代不同，但功业相同。最近前辉光谢嚣和武功县县令孟通上书，通报写在白石上的符命，我仔细思考，‘为皇帝’意思就是代行皇帝的职权。现在任命安汉公居位摄政，效仿周公。详细计划典礼仪式，然后上奏。”

群臣于是上书，要求让王莽登上皇位，穿戴天子的衣冠，南向朝见臣子，居位摄政。太皇太后下诏批准。

居摄元年（公元6年）三月初一，册立宣帝玄孙刘婴为皇太子，号称孺子。刘婴是广戚侯刘显的儿子，年仅2岁，王莽假称卜卦的卦象显示他最合适，于是将他册立，尊王皇后为皇太后。

初始元年（公元8年），各地纷纷出现符瑞，显示要王莽做

▲王莽时期的精美壁画墓，这是展现墓主升天后观看下界牛耕、锄地等活动情景的壁画

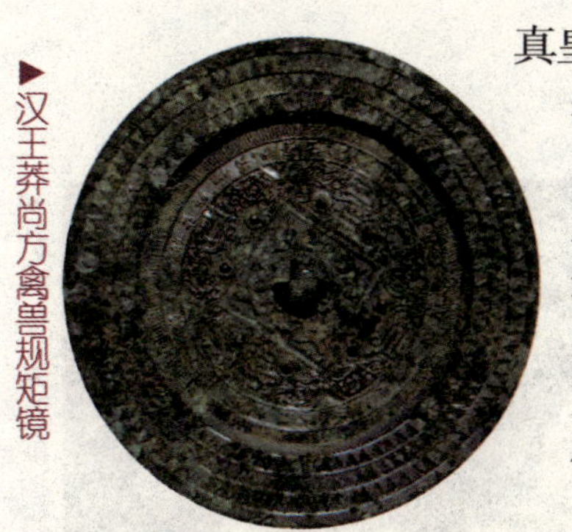
▶汉王莽尚方禽兽规矩镜

真皇帝。这些符瑞也不知是真是假，但王莽一概欣然接受。

王莽准备正式即位，先拿来各种符瑞报告太皇太后，太皇太后大吃一惊。当时孺子刘婴还没有即位，皇帝的玉玺仍然收藏在太皇太后的长乐宫。等到王莽即位，请求太皇太后交出玉玺，太皇太后不愿授给王莽，王莽就让安阳侯王舜去劝说。

太皇太后十分恼怒，不愿交出玉玺，但又怕王莽以武力胁迫，于是拿出玉玺扔到地上，对王舜说："我老了，快要死了，知道你们兄弟会被灭族！"

王舜得到玉玺，报告王莽。王莽大喜，于是为太皇太后在未央宫渐台设宴，让大家尽情享乐。

王莽想要更改太皇太后在汉朝的旧封号，更换她的玉玺印绶，又担心她拒绝。王莽的远支族亲王谏想谄媚王莽，上书说："皇天废除汉朝，建立新朝，太皇太后不适合再称尊号，应该跟随汉朝废除，以顺应天命。"王莽把奏章给太皇太后看，太皇太后说："此话有理！"王莽却说："这是违背德义的臣子，罪该诛杀！"

当时冠军人张永献上玉璧形状的铜片，上面有符命文字，说太皇太后应称为"新室文母太皇太后"。王莽于是下诏采纳，用鸩酒毒死王谏，封张永为贡符子。

始建国元年（公元9年）正月初一，王莽率文武百官向太皇太后奉上皇太后玉玺，顺应上天的符命，去除汉朝的各种名号。

王莽生有4个儿子，王宇、王获先前已被处死，王安又很有点糊里糊涂的样子，便把王临立为皇太子，把王安封为新嘉辟。赐封王宇的6个儿子为公。大赦天下。

王莽颁下策书，封孺子为定安公，赐给他居民1万户，土地方圆100里。让他在封国内建立汉朝宗庙，与周朝的后代一样，都使用自己的历法和车马、服饰的颜色。把孝平皇后立为定安太后。

策书宣读完毕，王莽亲自握着孺子的手，假意哭泣说："当初周公摄政，最终能够把政权还给周成王。如今独有我迫于上天威严的命令，竟不能够按自己心里的意思，把政权交还给你！"悲伤叹息很久。

中傅带着孺子下殿，面朝北方，对王莽称臣。百官陪在两旁，暗自伤感。西汉灭亡。

▼以王莽名字命名的王莽岭

绿林起义

西汉末王莽时期青玉币

王莽天凤四年（公元 17 年），王莽设置羲和命士，督促实行管理财政的五均、六筦制度。每郡有几个名额，都由富豪、大商人担任。这些官员乘坐驿车，谋求私利，往来全国，乘机与郡县官吏勾结，设立假账。国库未能充实，百姓却更加穷苦。

同年，王莽再次下诏，重申肯定六筦。每一项管理措施下达，总要为它设置条规禁令，违犯的人，罪重的甚至处死。贪官污吏与奸猾之徒互相勾结，同时侵害百姓，致使人民不能安定生活。此外，公爵以下所有有奴婢的人，每一奴婢要缴纳 3600 钱的税金。天下人更加愁苦。纳言冯常，规劝撤消六筦制度。王莽大怒，将冯常免职。

新朝的法令琐碎苛刻，百姓动辄就触犯法令。而徭役既多且重，百姓不能耕田纺织。同时，旱灾、虫灾接连发生，诉讼案子长久不能判决。官吏用苛刻残暴的手段建立威严，利用王莽的禁令掠夺百姓财物，以致富人不能自保，穷人无法活命。因此，无论贫富，都自行武装，盘踞高山大湖，当起盗贼。官吏无法制服他们，只好蒙蔽上级，势态逐渐严重，盗贼遍地。

临淮人瓜田仪等人盘踞会稽郡的长州苑。琅邪人吕母聚集党徒数千人，杀死海曲县宰，乘船入海，当起海盗，人数越来越多，达到万人左右。荆州发生大饥荒，人们逃入山林沼泽，挖荸荠充饥，人多而荸荠有限，因此常互相争夺。新市人王匡、王凤因为处理民间纠纷公正，于是被推举为首领，手下拥有数百人。于是，逃亡在外的南阳人马武和颍川人王常、成丹等，都来跟随王匡。他们一同攻打距城市较远的村落，盘踞在绿林山中，数月之间，集结七八千人。还有南郡人张霸、江夏人羊牧等，和王匡同时兴起，人数达万人。

王莽派出使臣，就地赦免这些盗贼，希望能平息民变。使臣回京后，奏称："盗贼们解散之后，很快又聚集一起。问他们原因，都说：'为法令烦琐苛刻所愁苦，难以靠劳力谋生，辛苦所得尚不足以缴纳赋税。就是闭门自守，也往往因邻居私自铸钱币或携带铜件要连坐入狱，贪官污吏就借此逼人欲死。'百姓走投无路，才都不得已而为寇。"

王莽大怒，当即将使臣免职。如果有人顺着他的意思说："小民倨傲狡猾，应该诛杀。"或说："这只是偶然的时运，不久自然会消失。"王莽就会高兴，给他升官。

昆阳之战

更始帝元年（公元23年）正月，汉军和下江兵共同进攻甄阜、梁丘赐率领的王莽军队，斩甄阜和梁丘赐，消灭2万余人。王莽的纳言将军严尤和秩宗将军陈茂企图据守宛城阻击汉军，不久汉军将宛城包围。

三月，汉将王凤和太常偏将军刘秀等进击昆阳、定陵、郾城，将这些城邑一一攻克。王莽听说严尤和陈茂兵败，就派司空王邑向各地守军将领传达命令，并命王邑和司徒王寻共同率领各路兵马，去镇压山东地区的义军。他们征聘了当时所谓懂得63家兵法的人，充任军中参谋官佐；任用长人巨毋霸为垒尉，专管构筑营垒；又驱赶了大群的虎、豹、犀牛、象一类的猛兽，预备在作战时助威。王邑到了洛阳，各州郡的长官都挑选了精兵，亲自率领来会合。当时约定来会师的共有42万人，号称百万。其余还在途中的，旌旗、辎重，连绵千里，不绝于路。五月，王寻、王邑率领人马，从颍川南下，与严尤、陈茂的部队会合。

汉军的一些将领看见王邑、王寻军声势浩大，都退入昆阳，惊慌失措，担忧妻儿老小，想分散回去，各保自己的地区。刘秀说："目前我军兵粮都少，而外面又有强大的敌人，集中兵力抗击，还有可能胜利；如果分散行动，势必都难保全。昆阳一旦失守，一天之内，各部也将被逐一歼灭。今天我们不同心协力、同存亡、共立功业，反而贪生怕死、只各守自己妻子儿女和财物，这样行吗？"众将大怒说："刘将军！你怎敢教训起我们来了！"刘秀听了，便笑着站起来。恰好侦探骑兵回来，报告说："王寻大兵即将到达城北，军队连绵百里，还看不清后卫。"众将向来轻视刘秀，见情况紧急，这才互相商量说："再请刘将军计划破敌吧！"于是刘秀又分析情况，筹划具体行动方案。众将听后都说："对，照你说的办吧！"当时，城里汉军仅有八九千人，刘秀就派王凤和廷尉大将军王常守昆阳，自己于当夜和五威将军李轶等十三骑从南门而出，到外面去收集部队，预备内外夹击莽军。

▶阎立本所作的东汉光武帝刘秀像

那时，莽军已到达城下的近10万，刘秀等人几乎不得出城。王寻、王邑指挥大军围困昆阳。严尤劝王邑说："昆阳城小而坚固，一时难于攻下，现在伪皇帝刘玄在宛城，如果急速向宛城进军，他们定会逃跑。宛城的刘玄兵败，昆阳也必然自行屈服。"王邑说："我以前围攻翟义时，就因为没有能生俘他而受到指责。现在率领百万大军，碰到敌人城池竟绕道而过，不能攻下，这怎能显示我的威风！应当先杀绝这个城里的军民，踏着鲜血，全军前歌后舞而进，难道不更感痛快吗？”于是，莽军就把昆阳包围了十几层，设下了100多座军营，擂鼓之声数十里之外都能听到。他们挖地道，使用冲车和棚车来攻城，集中了所有的弩机乱射，箭像雨一样倾泻下来。城中的军民要出来打水，都得顶着门板，以防敌箭。王凤要求投降，莽军不同意。王寻、王邑自以为昆阳指日可下，大功即可建成，便不把作战的事放在心上。严尤建议说：“我们最好让昆阳守敌逃出一些，传播失败消息，使宛城的汉军也恐怖，以动摇其军心。”王邑又不听。

刘秀到了郾城、定陵，要集中各营全部兵力驰援昆阳，但各营将领贪惜自己的财物，打算分兵留守。刘秀说：“今天如果能破敌，珍宝财物要比现在多万倍，我们的大事也可成功；如果我们为敌人所败，连脑袋都保不住，还谈什么金银财物呢？”于是就命令全部出发。六月八日，刘秀与各营人马一起向敌营开进，还亲自率领了1000多步、骑兵为前锋，逼近距王莽大军四五里处，摆开战斗队形，以待出击。王寻、王邑派兵数千人出来迎战。刘秀亲自率领人马冲锋，杀了莽军数十人。各将领都欢喜地说：“刘将军平时看到小敌害怕，今天见了大敌却很勇敢，真是奇怪。以后还是请你在前面领导我们，我们协助你破敌！”刘秀等又发起攻击，王寻、王邑的士兵退却，众部将领乘胜追击，又杀死成百上千的敌人。刘秀接连打了几场胜仗，众将领胆量也更壮了，没有一个不是以一当百的。刘秀见全军振奋，于是就和敢死队3000人从城西水道去冲击敌人的中坚。

◀刘秀躲过王莽的追兵后，来到张弓镇。酒足饭饱后，见不远处有一井，遂去饮马。此井被后人称为御泉或饮马泉。现在井上建有凉亭，并辟有一园，叫御泉园。

王寻、王邑不把刘秀放在眼里。他们亲自率领了万余人巡视阵地，命令各营按部管束自己的队伍，没有命令，不得擅自出动。王寻等出战并不顺利，大军拘守命令，不敢擅自相救，王寻、王邑的战阵被刘秀冲乱了。汉军乘胜打垮了莽军，杀死了王寻。城中的汉军见刘秀在城外取胜，也大喊冲杀，出城夹击莽军，喊杀声惊天动地。王莽军队至此全部崩溃。溃逃的莽军相互推挤践踏，死伤无数，尸体堆了100多里长。碰巧又遇上大雷、大风，屋瓦也都被大风刮走，大雨倾盆而下，溃川的水猛涨，随队的虎、豹都吓得腿发抖，莽军士兵掉在水里淹死的有万余人。王邑、严尤、陈茂等人仅以单人匹马，踩着死尸渡水才得逃脱。汉军缴获了莽军的全部军用物资，多得不可胜数，一连搬了一个多月还没有搬完。汉军把剩下搬不掉的都烧了。莽军的残兵各自逃回家乡。王邑仅带了从长安一起来的卫士数千人回到洛阳。消息传到长安，朝廷非常震动恐慌。各地豪杰纷纷起兵响应，杀掉本州郡的新朝官员，自称将军，采用汉的年号，等待诏命正式封号，数月内，遍及全国。

光武帝不计前嫌

东汉光武帝建武元年（公元25年），刘秀的将领们包围洛阳长达几个月，因朱鲔坚守而未能攻下。因为廷尉岑彭曾经当过朱鲔的校尉，所以刘秀派他前去劝降。

朱鲔在城上，岑彭在城下向朱鲔陈述利害得失。朱鲔说："大司徒刘缜被害时，我曾参与谋划，后来又劝刘玄不要派遣刘秀北伐，我知道自己罪恶深重，因此不敢投降！"

岑彭返回，将朱鲔的话向刘秀禀报，刘秀说："要办大事的人，就不能计较小的怨仇。朱鲔如果投降，官职和爵位都可保全，怎么会论罪被罚呢？黄河之水可以作证，我决不食言！"

岑彭又去告诉朱鲔，朱鲔从城上放下大绳子，说："若要我相信是真的，请你攀绳而上。"岑彭上前要攀登而上，朱鲔看他确有诚意，就答应投降。

九月二十六日，朱鲔将自己双手反绑，与岑彭一起到达河阳。刘秀亲自解开他的绳索，接见了他，又让岑彭当天夜里送朱鲔返回洛阳。第二天早晨，朱鲔和苏茂等率领所有士卒出城投降。刘秀任命朱鲔为平狄将军，封为扶沟侯。朱鲔后来任少府，封号世代相传。

强项令

光武时陈留人董宣担任洛阳令。刘秀的姐姐湖阳公主的家奴公然在大白天杀了人，然后躲藏到公主家，官吏们无法逮捕他。

后来湖阳公主出门，让这个杀了人的家奴陪同，董宣就带着人在夏门亭等候。公主的车到后，他叫车子停下，上前扣住了马缰绳，用刀划着地，大声数落公主的过失，怒喝那个家奴下车，接着就把他打死了。

公主立即回到宫里向光武帝诉苦。光武帝大发脾气，马上召见董宣，要用刑杖将他打死。

董宣叩头说："我请求说完一句话再死。"光武帝说："你还想说什么？"董宣说："陛下圣德，兴复汉室，现在却纵容家奴杀人，将凭什么治理天下？用不着您动手，就让我自杀吧！"说完用头撞向大柱，血流满面。

光武帝命太监扶着他，让董宣向湖阳公主叩头谢罪，董宣坚决不肯。光武帝叫人使劲按住他的脑袋，董宣就用两手撑着地面，始终不肯低头。

湖阳公主对刘秀说："你当平民百姓的时候，窝藏逃犯，官吏不敢上门来找；如今当了天子，威权就不能行使在一个县令身上吗？"

光武帝笑着说："天子和平民百姓是不同的。"接着命令说："硬脖子县令出去吧！"还赐给董宣30万钱，董宣把这些钱全部分给了手下的官吏。

从此董宣更能打击惩罚那些横行不法的人，京城那些平时仗势欺人的人无不震惊害怕。

班超出使西域

▶东汉双骑吏画像砖

汉明帝永平十六年(公元73年)，窦固派遣副司马班超与从事郭恂一同出使西域。

班超走到鄯善国时，刚开始鄯善王广对班超的礼仪恭敬周到，后来忽然变得疏忽、怠慢。班超对手下属官说："难道你们没发觉广的礼仪降低了吗?"属官说："胡人对礼节不能长久，不会有其他原因。"班超说："这一定是北匈奴的使节来了，鄯善王迟疑不知所从的缘故。聪明的人可以看见尚未萌发的事情，何况已经显现出来了!"

于是召来侍奉的胡人，诈他说："匈奴使者来了几天了？现住在什么地方?"侍奉的胡人惶恐地说："已到3天，离此地30里。"

班超就把胡人侍者关起来，把带来的全部36个军吏士卒集合起来，同他们共饮，酒酣时，故意激怒他们说："你我同在绝远荒域，如今北匈奴使者才到几天，鄯善王广就已不讲礼节了。如果鄯善王把我们捆起来送给匈奴，骸骨会长期被豺狼所食，怎么办呢?"属官们都说："现在处在危亡之地，不管死活都要随司马!"班超说："不入虎穴，焉得虎子。眼下只有趁夜里用火攻击匈奴使者，他们不知我们有多少人，必定大为震恐，这样便可将他们一网打尽。消灭了这批匈奴，鄯善人就会胆战心惊，我们便大功告成了。"众人说："应当与从事商议一下。"班超愤怒地说："命运的吉凶就在今天决定，从事只是一名文官俗吏，听说我们的计划一定害怕。计谋如要泄露，死而无名，不是壮士!"众人说："好!"

▲东汉文物——陶釉虎子

刚入夜，班超就率领官吏士卒向匈奴使者的营帐奔去。恰在此时，天刮起了大风，班超带10个人拿着鼓藏在匈奴营帐的后面，约定说："看见火点燃，一起擂鼓呐喊。"其余的人全都持刀剑弓弩，埋伏在帐门两侧。班超顺风放火，前后鼓声齐鸣、杀声震耳，匈奴使者惊慌失措，一时大乱。班超亲手杀死3人，军吏兵士斩杀北

▲史密森机构收藏的东汉玉辟邪

▲班超出使西域路线图

匈奴使者及从士 30 多人，余下大约 100 人全被烧死。第二天回来告诉郭恂，郭恂大吃一惊，随即神色一变。班超知道他的意思，举手说：“你虽然没去，我怎么能独占其功呢？”郭恂这才大喜。

班超于是召见鄯善王广，把匈奴使者的首级给他看，鄯善全国震恐。班超向他宣告汉朝的威力与仁德：“从今以后，不要再与匈奴来往。”广叩头说：“愿意归属汉朝，决无二心！”于是将王子送到汉朝充当人质。

班超回来向窦固报告，窦固非常高兴，把班超的功绩上报朝廷，并要求再派使节出使西域。明帝说：“有像班超这样的官吏不派，而要另选他人，这是为什么？现在任命班超为军司马，让他完成先前的功业。”

窦固又派班超出使于阗国，想要增加他的兵力，班超希望只率领原来跟随他的 36 人，说：“于阗是个大国，道路遥远，如今率几百人前往，无益于显示强大，如有不测之事发生，会使更多人受到牵累。”

当时于阗王广德在西域南道称雄，而且匈奴派使者监护其国家。班超到于阗后，广德在礼仪上很怠慢，而且他们有信巫的习俗，巫师声称：“神已经发怒，问我们为什么要倾向汉朝？汉朝使者有一匹黑唇黄马，立即索取来给我做祭品！”

◀班超出使西域浮雕

广德又派国相私来比前来找班超索求赠马。班超暗中获知底细，便答应此事，但要让巫师亲自前来取马。不久，巫师来到，班超立刻将他斩首，并逮捕了私来比，痛打数百皮鞭。班超将巫师的首级送给广德，借机对他进行谴责。广德早已听说过班超在鄯善斩杀北匈奴使者的事迹，大为惊恐，随即杀死匈奴使者而投降。

班超重赏于阗王及其大臣，就此镇服安抚于阗，于是西域各国全都派出王子到汉朝做人质。西域与汉朝的关系曾中断了 65 年，至此才恢复交往。

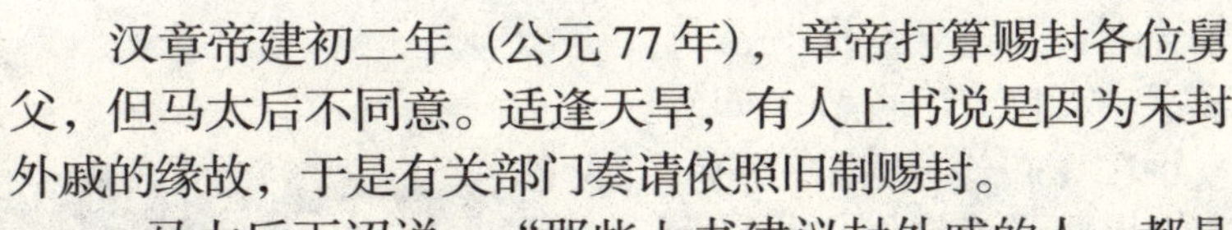

马太后不封外戚

▶汉章帝像

汉章帝建初二年（公元 77 年），章帝打算赐封各位舅父，但马太后不同意。适逢天旱，有人上书说是因为未封外戚的缘故，于是有关部门奏请依照旧制赐封。

马太后下诏说：“那些上书建议封外戚的人，都是要向皇上献媚，以谋求好处罢了。从前，王氏家族一日之内有 5 人一起封侯，而当时黄雾弥漫，并未听说有天降好雨的反应。

“外戚富贵过盛，很少不倾覆的。所以先帝对他的舅父慎重安排，不放在朝廷要位，还说：‘我的儿子不应与先帝的儿子等同。’

“如今有关部门为什么要将马家同阴家相比呢！况且卫尉阴兴受到天下人的称赞，宫中的使者来到门前，他连鞋都来不及穿，便急忙出迎，如同蘧伯玉一样恭敬有礼。新阳侯阴就虽然性格刚强，略失规矩，然而胸有谋略，以手撑地，坐着发表议论，朝中无人能与他相比。原鹿贞侯阴识勇敢忠诚而有信义。这 3 个人都是天下群臣中出类拔萃的人，难道能比得上吗？马家比阴家差远了。我没有才干，日夜因恐惧而喘息不安，总怕有损先后订立的法则。即便是细小的过失我也不肯放过，日夜不停地告诫。然而我的亲属们仍然不断犯法，丧葬时兴筑高坟，又不能及时察觉错误，这表明我的话没有人听，我的耳目已被蒙蔽。

“我身为天下之母，然而身穿粗丝之服，饮食不求香甜，左右随从之人只穿普通帛布，不使用熏香饰物，是想以身作则，树立榜样。本以为外戚看到我的行为会痛心自责，但他们只是笑着说‘太后一向喜爱节俭’。前不久我经过濯龙门，看见那些到我娘家问候拜访的人们，车辆如流水不断，马队如游龙蜿蜒，奴仆身穿绿色单衣，衣领衣袖雪白。我回头看我的车夫，远比不上。我所以对娘家人并不发怒谴责，而只是裁减每年的费用，希望能使他们内心暗愧。然而他们仍然懈怠放任，没有忧国忘家的觉悟。了解臣子的，莫过于君王，更何况他们是我的亲属呢！我难道可以上负先帝的旨意，下损先人的德行，重蹈前朝外戚败亡的灾祸吗！”她坚持不同意赐封。

▲东汉君车画像石

章帝看到马太后的诏书后悲哀叹息，再次请求道：“自从汉朝建立，舅父封侯，犹如皇子为王，乃是定制。太后固然存心谦让，却为何偏偏使我不能赐恩给三位舅父？而且卫尉马廖年老，城门校尉马防、越骑校尉马光身患重病，如果发生意外，将使我永怀刻骨之憾。应当趁着吉时赐封，不可延迟。”

太后回答说：“我反复考虑此事，希望能对国家和马氏双方都有益，难道只是想博取谦让的名声，而让皇帝蒙受不施恩于外戚的怨恨吗？从前窦太后要封王皇后的哥哥，丞相条侯周亚夫进言：‘高祖有规定，无军功者不得封侯。’如今马家没有为国立功，怎能与阴家、郭家那些建武中兴时期的皇后家相等呢！我曾观察那些富贵之家，官位爵位重叠，如同一年之中再次结果的树木，它的根基必受损伤。况且人们所以愿封为侯，不过是希望上能以丰足的供物祭祀祖先，下能求得衣食的温饱罢了。如今皇后家的祭祀由太官供给，衣食则享受御府的剩余之物，这难道还不够，而一定要拥有一县的封土吗？我已深思熟虑，你不要再有疑问！

►东汉时期的陶楼

►陶制风车

“说到最后的孝行，以抚慰双亲为上。现在屡次遭到灾异，谷价上涨了好几倍，我日夜惶恐，而要去谋划外戚家的封侯，违反慈母的善心！我向来刚烈性急，患了气喘病，不能不排畅胸中之气。儿子未成年时，听从父母意见，成年后就要按自己的志愿去做。想到你是一国之君，我因为先帝去世还没有3年，政务取决于王室，所以才管理国事。如果阴阳调和，边境清静，然后照你自己的心愿去做，我就可以含饴弄孙，不再过问朝政了。”皇上这才作罢。

▲东汉《乐舞百戏图》。画中的百戏内容有掷剑、弄丸、舞轮、安息、五案等活动。生动地表现出人们处于激烈动作中的种种神态和热闹的气氛

太后曾经下诏三辅：“所有马家亲戚有嘱托郡县官吏、干扰政事的，绳之以法。”太后的母亲埋葬时坟土略高，太后对此提出反对意见，太后的哥哥卫尉马廖等人就立刻削减坟土。那些谦虚朴素、行为正直的外戚，马太后就温言以待，赏给财物和爵位。如果有小错，马太后开始显出严肃的神色，然后加以谴责。那些车服华丽，不遵守法度的外戚，马太后就断绝他们的属籍，遣回家乡。广平王、钜鹿王、乐成王的车骑简朴，没有用金银装饰，皇帝向太后报告，随即就赐给他们各500万钱。于是内外感化，衾被衣服都很朴素；外戚都惶恐，不敢超过一般水平。马太后曾设置织室，在濯龙园中养蚕，屡次前往巡视，以此为乐。她常常和章帝早晚谈论政事，还教导年幼的皇子读《论语》等儒家经书，讲述平生经历，终日欢乐和谐。

党人之祸

被诬罢官的李膺

汉桓帝延熹九年（公元166年），太学里有3万多学生，郭泰和颍川人贾彪是他们的领袖，与李膺、陈蕃、王畅互相推重。太学中有歌谣说："天下模楷，李元礼（李膺）；不畏强御，陈仲举（陈蕃）；天下俊秀，王叔茂（王畅）。"于是京师内外形成风气，竞相崇尚褒贬善恶，自公卿以下没人不怕他们的贬议，接踵登门趋附。

宛县有富商张泛，与后宫的人有亲戚关系，又擅长雕镂玩物，常拿来送给宦官作为贿赂，因此得做高官，仗势横行。岑晊与贼曹史张牧劝成晋拘捕张泛等人，后来遇到赦免，成晋竟然杀了张泛，并且抓了他的宗族与宾客，杀了200多人，然后才报告给朝廷。小黄门晋阳人赵津，凶残放纵，成了全县的大害。太原太守平原人刘瓆派郡吏王允去逮捕他，也是在大赦后杀了他。于是中常侍侯览要张泛的妻子上书讼冤，宦官们乘机告发成晋、刘瓆。桓帝大怒，召来成晋、刘瓆，都把他们关进监狱。

河内人张成擅长风角术，预测朝廷该颁布赦令，于是教唆儿子杀人。司隶校尉李膺督促手下逮捕了张成父子，不久遇赦获免；李膺愤恨至极，于是把张成父子杀了。

张成向来以占卜术勾结宦官，皇帝也时常叫张成占卜。宦官怂恿张成的弟子牢修上书，告发"李膺等蓄养太学的游士，互相标榜，结成群党，诽谤朝廷，败坏风俗"。皇帝因而大怒，下诏各郡国，逮捕党人，公布于天下，使人们都忿恨他们。

公文经过三府，太尉陈蕃拒绝签署，说："这次所要逮捕的人都是海内享有声誉、忧国忧民的忠臣，即使他们的十世孙有罪，也应该宽赦，岂有罪名暧昧不明，而遭致逮捕拷打？"不肯颁发诏令。

皇帝更加发怒，将李膺等人关进了黄门北寺狱，案子连及太仆颍川人杜密、御史中丞陈翔以及陈寔、范滂等200多人。有的逃匿搜捕不到就悬赏捉拿，派出使者四处搜寻。陈寔说："我不下狱，众人就会无所依恃。"于是自己请求下狱。范滂到了狱中，管监狱的官吏说："凡是坐牢的，都要先祭皋陶。"范滂说："皋陶是古代的耿直之臣，要是知道我无罪，就会在天帝面前为我诉理；如果我犯了罪，祭祀他又有什么好处！"众人因此也都不祭祀皋陶。

陈蕃又上书极力规劝，皇帝避忌他言辞激切，就借口说陈蕃推荐的人不称职，下诏免了他的官。

汉灵帝卖官

▶汉灵帝时，由于鸿都门文学浮华之风盛行，朝中学者们无不是挖空心思以迎合灵帝，图中即是大学者蔡邕创制的飞帛书

汉灵帝光和元年（公元 178 年），灵帝下诏，命中尚方官署为鸿都门的文学之士乐松、江览等 32 人各画一张肖像，分别配上赞美的言辞，作为对后学晚辈的劝告和勉励。

尚书令阳球上书劝阻说：“我查考乐松、江览等人都出身微贱，不过是才识短浅的斗筲小人，依靠和皇室世代有婚姻关系的国戚，依附和请托有权势的豪门，看人眼色，阿谀奉承，侥幸得以上进。有的呈献一篇辞赋，有的写出满简的鸟篆，竟然被擢升为郎中，还要用丹青画像。也有一个字没写，一句辞不会作，完全请别人代替出手，怪诞诈伪，花样百出，可是全都蒙受特殊的恩典，好像鸣蝉脱壳一样，从微贱的地位中解脱出来。以致有见识的人无不对此掩口而笑，天下一片嗟叹之声。我听说之所以设立画像，是为了表示劝勉告诫，希望君主的举动能够借鉴前人的得失成败，却从来没有听说竖子小人们弄虚作假，写作了几篇歌颂文章，就可以妄自窃取高官厚禄，并且在素帛上留下画像。而今有太学、东观这两个地方，已经足够宣传圣明的教化，请陛下废止鸿都门文学的推荐和选举，以解除天下的谴责。”奏章呈上去后，灵帝不理。

▼汉灵帝引领贵族时尚，非洲“胡床”流行洛阳

同年，灵帝第一次开设“西邸”机构，公开出卖官爵，按照官位高低收钱多少不等。俸禄等级为 2000 石的官卖钱 2000 万钱，400 石的官卖钱 400 万钱，其中按着德行依次当选的出一半的钱，或者至少出 1/3 的钱。凡是卖官所得到的钱，在西园另外设立一个钱库贮藏起来。有人曾到宫门上书，指定要买某县的县令、长官之职，根据每个县的大小、贫富等好坏情况，县令、长官的价格多少不等。有钱的富人先交现钱买官，贫困的人到任以后照原定价格加倍偿还。灵帝还私下命令左右的人出卖三公、九卿等朝廷大臣的官职，每个公卖钱 100 万，每个卿卖钱 500 万。当初，灵帝为侯时经常苦于家境贫困，等到当了皇帝以后，常常叹息桓帝不懂经营家产，没有私钱。所以，大肆卖官，聚敛钱财，作为自己的私人积蓄。

灵帝曾经询问侍中杨奇说：“朕比桓帝如何？”杨奇回答说：“陛下和桓帝相比，犹如虞舜和唐尧相比一样。”灵帝大不高兴，说：“你的性格刚强，不肯向别人低头，真不愧是杨震的子孙，死后一定会再引来大鸟。”

黄巾起义

◀张角的私章

汉灵帝光和六年（公元183年），巨鹿人张角信奉黄老道教，教授妖术，号称“太平道”。他用咒语符水给人治病，让病人跪拜，自首罪过，有些病人竟然就此痊愈，众人将他奉若神明。张角分别派弟子们周游四方，辗转诱骗，十几年间信徒达到几十万，青、徐、幽、冀、荆、扬、兖、豫八州之人，无不响应。有人丢弃、变卖财产，流离奔波去见张角，堵塞了道路，尚未到达而死在途中的也数以万计。郡、县不了解他们的意图，反说张角教民向善，因而为百姓所拥戴。

太尉杨赐当时正担任司徒，他上书说：“张角欺骗百姓，虽接到免除罪责的赦令，仍不思悔改，反而逐渐蔓延扩张。现在如果交给州郡捕捉征讨，恐怕更加骚乱，反而加速祸患，应嘱咐刺史、2000石官员分别流民，各自送归本郡，以此孤立、消弱张角的党羽，然后诛杀首领，可以不劳而将其平定。”恰好杨赐离职，事情就搁置下来。

不久，司徒掾刘陶又上疏陈述杨赐原先的建议说：“张角等人的阴谋益发严重，各地私下议论，说张角等人已偷偷潜入京师，窥视朝政。他们鸟声兽心，私下相互呼应。州郡忌讳此事，不想让朝廷知道，只是私下相互告知，不肯公开发布文告。为此，建议陛下公开颁发诏书，悬重赏捉拿张角等人，以国土作为奖赏。官员中若有胆怯回避者，与张角等人同罪论处。”灵帝对这件事很不在意，反而下诏让刘陶整理《春秋条例》。

张角设置三十六方。方，如同将军，大方率万余人，小方率六七千人，各自选立首领，诈称“苍天已死，黄天当立，岁在甲子，天下大吉”。在京师及各州郡官府的门上都用白土写上“甲子”二字。大方马元义等人先招收了荆州、扬州的几万人，约定在邺城起事。马元义多次往来京师，由中常侍封谞、徐奉等人做内应，约定于次年三月五日京城内外一同起事。

汉灵帝中平元年（公元184年）春天，张角的弟子济南人唐周上书告密。于是收捕了马元义，将其在洛阳车裂。下令三公、司隶考察宫廷官吏及百姓信奉张角之道的，诛杀了1000多人，下令冀州追捕张角等人。张角等人知道事情已经泄露，昼夜驰令各方，立即全部起兵，都用黄巾包头作为标志，因此当时人称他们是“黄巾军”。二月，张角自称天公将军，他的弟弟张宝称地公将军，张梁称人公将军。他们在各地焚烧官府，劫掠乡邑，许多州郡失守，官吏逃亡。一个月之内，天下响应，京师震动。安平、甘陵两封国的人各自擒王，响应反贼。

灵帝召集群臣会议。北地太守皇甫嵩认为，应解除党禁，拿出皇宫中的钱粮马匹赏赐军士。灵帝又向中常侍吕强询问计策，吕强说：“党锢积时已久，人情怨愤，如不赦免，易与张角合谋，使变乱扩大，后悔也无法补救。眼下，请陛下先把左右卑鄙污浊之人杀掉，大赦党人，再考察刺史、郡守的能力，那盗贼就不会平定不了。”灵帝心中惧怕，听从了他们的建议。

灵帝曾想登上永安宫的瞭望台，观看皇宫周围的景致。宦官们生怕灵帝看到自己的宅第，便让中大人尚但劝阻灵帝，说："天子不应当登高，登高则会使人民流散。"灵帝从此不再敢登较高的楼台亭榭。及至封谞、徐奉为张角做内应的事情败露，灵帝斥责诸位常侍说："你们常说党人图谋不轨，将他们全都禁锢起来，有人甚至遭到诛杀。现在党人倒是在为国家出力，你们反与张角勾结，该不该处斩？"宦官们都叩头说："这些都是王甫、侯览干的。"于是，诸位常侍都收敛退避，各自将他们在外担任州郡官员的亲属及子弟召回。

赵忠、夏恽等人一同向灵帝诬告吕强，说："吕强与党人一起议论朝廷，经常阅读《霍光传》，他的兄弟全都在官位上贪赃枉法。"灵帝听后，令中黄门带着兵器召吕强入宫。吕强得知灵帝召他的用意后，忿忿地说："我死之后，必有大乱。大丈夫要尽忠报国，怎能去面对狱吏呢！"便自杀了。灵帝下令逮捕吕强的亲属，将财产没收。

侍中河内人向栩上书讥刺灵帝左右亲信。张让诬陷向栩与张角同心，打算做张角内应，便将他逮捕，送至黄门北寺狱杀掉。郎中中山人张钧上书说："我认为张角所以能兴兵作乱，百姓乐于归附他，根源都在于十常侍放任自己的父兄、子弟、亲戚及其投靠者充任州郡长官，搜刮财利，掠夺百姓，百姓无处诉冤，所以谋议不轨，相聚为盗贼。现应斩杀十常侍，把他们的头颅悬

挂到南郊，向百姓谢罪，再派使者把此事布告天下，就可以不必兴师动旅而大寇自然消解。”

◀黄巾军寨。张角领导的黄巾起义虽然由于各种原因失败了，但却沉重地打击了东汉王朝，使其陷入土崩瓦解的局面

灵帝将张钧的奏章交诸常侍看，这些人全都吓得摘下帽子，除去鞋袜，下跪叩头，请求灵帝允许他们到洛阳专门审理皇帝亲自交办案件的诏狱去投案自首，并将家产献出，用以补助军费。灵帝下诏，令诸常侍全都穿戴起表示官位的衣帽鞋袜，继续担任原职。他对张钧上奏一事发怒说：“这真是个狂人！难道十常侍中本不该有一个好人！”御史顺承灵帝的心意，诬奏张钧信奉黄巾道，遂将他逮捕入狱，拷打致死。

南阳黄巾军将领张曼成攻杀了太守褚贡。灵帝向太尉杨赐问起黄巾军的情况，杨赐如实回答，灵帝感到不快。

四月，杨赐因贼寇之事被罢免。任命太仆、弘农人郑盛为太尉。不久，灵帝批阅旧公文，得见杨赐与刘陶所上关于张角的奏章，就封杨赐为临晋侯，刘陶为中陵乡侯。皇甫嵩、朱俊合领4万多人共同讨伐颍川的黄巾军，二人各自统领一军，朱俊与黄巾军将领波才交战，被击败；皇甫嵩率军进驻长社，固守县城。汝南黄巾军在邵陵击败了太守赵谦。广阳黄巾军杀死了幽州刺史郭勋和太守刘卫。

波才率黄巾军将皇甫嵩围困在长社县城。皇甫嵩兵少，军中都感到恐慌。黄巾军的营寨所设之处荒草遍野，适逢狂风大作，皇甫嵩让士兵们全都手持成束苇草上城。另命一批勇士，偷偷地越过包围圈，放火烧草并高声呐喊。与此同时，城上的军士也一齐点燃火把，与之呼应。皇甫嵩率军从城中擂鼓呐喊而出，直捣敌阵。黄巾军大惊，溃散奔逃。这时，恰好骑都尉、沛国人曹操率兵赶到。五月，皇甫嵩、曹操与朱俊会师，再次出战，大败黄巾军，斩杀数万人。灵帝封皇甫嵩为都乡侯。

北中郎将卢植连续战斗，攻破张角军，斩杀俘获1万多人，张角等人退保广宗。卢植构筑围塞，开凿堑沟，制造云梯，准备攻克此城。灵帝派小黄门左丰前来查视，有人劝卢植贿赂左丰，卢植不肯。左丰回京对灵帝说：“广宗之贼容易打败，卢中郎却固守营垒，休息军队，等待老天杀贼。”灵帝大怒，用囚车将卢植押解回洛阳，判处比死罪轻一等的处分。派东中郎将陇西人董卓前往代替卢植。

十月，皇甫嵩与张角的弟弟张梁在广宗交战，张梁的部众精锐勇敢，皇甫嵩不能获胜。第二天，皇甫嵩关闭营垒，休整士卒，观察敌情变化。当得知黄巾军斗志稍有懈怠，就于夜间悄悄整顿兵马，清晨鸡鸣之时，飞驰冲向黄巾军阵地。交战到黄昏时，大破黄巾军，斩杀张梁，俘虏敌兵3万，赴河而死者约5万人。张角在此之前已死，于是剖开其棺木，斩尸，把人头传往京师。

王允计杀董卓

▶吕布武艺高强、骁勇善战，被称为「天下第一猛将」，瓶上描绘的便是「三英战吕布」的史上美谈

凉州豪强出身的董卓性情残暴，随意杀人，部下将领言语稍有差错，就被当场处死，致使人人自危。

中郎将吕布精于骑射，力气超过常人。董卓自知待人寡恩无礼，害怕遭到暗害，无论去什么地方，都常常让吕布做自己的随从侍卫，对他十分宠信，发誓说情同父子。

但是董卓性情刚愎，曾经为了一件不合自己心意的小事，拔出手戟掷向吕布。吕布身手矫健，避开手戟，又和言悦色地向董卓道歉，董卓才息怒作罢。而吕布从此暗中怨恨董卓。

王允一向待吕布很好。吕布见王允时，主动说出几乎被董卓所杀的事情，于是王允将诛杀董卓的计划告诉吕布，并让他做内应。

汉献帝初平三年（公元 192 年）四月，皇帝在未央殿大会群臣。董卓入宫朝见，命令吕布等在前后保卫。王允命士孙瑞写了诏书交给吕布，吕布命令骑都尉李肃和勇士秦谊等人穿着卫侍的衣服，守在北掖门里面等待董卓。

董卓进门后，李肃用戟来刺他。董卓里边穿着铠甲，刺不进去，伤到膀臂，从车上跌下来，回头大叫说："吕布在哪里？"吕布说："奉皇帝诏令，讨伐贼臣！"董卓大骂说："笨狗！你胆敢如此？"

▶西施故里的中国历代名媛馆内的貂蝉蜡像

吕布应声拿着矛刺向董卓，催促士兵上前斩掉他。接着就拿出怀里的诏书命令官吏士兵说："皇帝下诏，只讨伐董卓，其余的人都不过问。"官吏士兵都端正地站着不动，高呼万岁。董卓的弟弟董旻、侄儿董璜等都被他们下面的人砍死。

▼描绘剪除董卓历史故事的年画——连环记

董卓的尸体被暴露在市镇上。这时候天气开始炎热，董卓一向肥胖，身上的油脂都流在地上，守尸的官吏做了一个大灯捻，放在董卓的肚脐上点燃，光亮一直照到第二天早上。像这种情形持续了很多天，袁氏的门生把董氏的尸体聚在一起，焚烧以后，把灰扬在路上。

曹操迎汉献帝

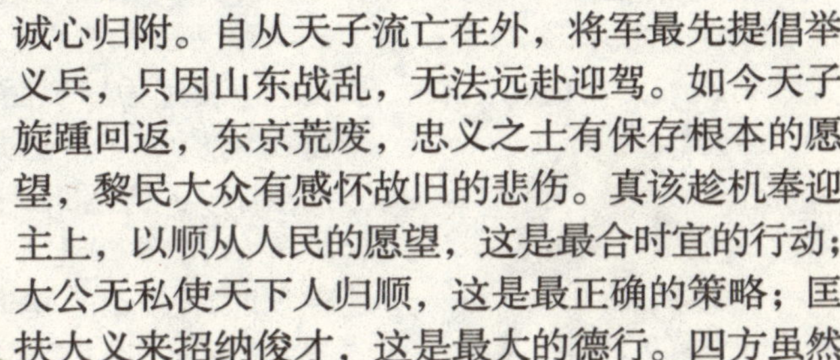

▲汉献帝

▲杰出政治家曹操

曹操在许县谋划迎取天子。众人认为："山东既未安定，韩暹、杨奉自恃有功，骄横跋扈，不能很快降服。"荀彧说："从前晋文公接周襄王而诸侯服从，汉高祖为义帝服丧而使天下人诚心归附。自从天子流亡在外，将军最先提倡举义兵，只因山东战乱，无法远赴迎驾。如今天子旋踵回返，东京荒废，忠义之士有保存根本的愿望，黎民大众有感怀故旧的悲伤。真该趁机奉迎主上，以顺从人民的愿望，这是最合时宜的行动；大公无私使天下人归顺，这是最正确的策略；匡扶大义来招纳俊才，这是最大的德行。四方虽然有叛逆的贼臣，但他们有什么作为？韩暹、杨奉有什么值得担心！如果不赶快决定，使得豪杰们捷足先登再来考虑，就来不及了。"于是曹操派扬武中郎将曹洪率兵向西迎取天子。董承等据险对抗，曹洪不能西进。

▲许昌古迹——议事台，世传为曹操为便于领导屯田筑议事台，常集群臣幕僚，商讨国家大事及屯田事宜

议郎董昭认为杨奉的兵马最强，但缺少外援，就用曹操的名义给杨奉写信说："我与将军相互倾慕，只听到名声，便已推心置腹。如今，将军在艰难之中救出天子，护送他回到旧都洛阳，卫护辅佐的功勋盖世无双，是何等的美业！现在，各地不法之徒扰乱中原，天下不宁，君主的平安至关重要，事情主要靠辅佐大臣。所有的贤明之士必须一齐努力，才能肃清君王道路上的障碍，这绝不是一个人的力量所能办得到的。心脏、胸腹与四肢，实际是互相依存的，缺少任何一件，都不完整。将军应当在朝廷主持事务，我则作为外援。如今我有粮草，将军有兵

▲许昌博物馆中的汉魏古迹

马，互通有无，足以相辅相成，我们生死与共，祸福同当。”杨奉接到信后十分高兴，对其他将领说：“兖州的军队近在许县，有兵有粮，朝廷正可以倚靠他们。”于是诸将联名上表推荐曹操担任镇东将军，并承袭他父亲曹嵩的爵位费亭侯。

◀董承

韩暹矜夸有功专权恣肆，董承很忧虑，因而私底下召曹操来，曹操就率领军队去洛阳。到达后，向献帝奏报韩暹、张杨的罪过。韩暹怕被诛，一个人骑着马投奔杨奉。皇帝认为韩暹、张杨有保护车驾的功劳，诏令一切不要追问。不久，派曹操领司隶校尉、录尚书事。曹操于是斩掉尚书冯硕等3人，这是讨伐有罪的人；封卫将军董承等13人为列侯，这是赏赐有功的人；追赠射声校尉沮俊为弘农太守，这是表扬为守节而死的人。

▶东汉牛形灯（上）及陶戏楼（下）

曹操请董昭与自己并坐在一起，问他：“现在我已到洛阳，应当采取什么策略?”董昭说：“将军兴起义兵，讨伐暴乱，入京朝见天子，辅佐王室，这是春秋时期五霸的功业。现在洛阳的各位将领都有自己的打算，未必听从将军的指挥。如今留在洛阳控制朝政，有许多不利因素，只有请天子移驾到许县这个办法最好。但是天子在外流离多时，刚回到旧都城，远近都盼望迅速获得安定，如今再要移驾，是不符合民心的。不过，只有做不同寻常的事情，才能建立不同寻常的功业，希望将军做出利多弊少的选择。”

曹操说：“这是我的本心，杨奉近在梁县，听说他的军队很精良，该不会阻挠我吧?”董昭说：“杨奉缺少外援党羽，内心想和我们结交，你做镇东将军、袭封费亭侯的事情，都是杨奉决定的，应该时时派遣使者厚送礼物答谢他，以安定他的心意。并告诉他说：‘京都没有粮食，要想天子的车驾暂时到鲁阳，鲁阳靠近许县，转运粮食比较容易，可以没有匮乏的忧虑。’杨奉为人勇猛而少思虑，必定不会怀疑，在使臣往来期间足以定下大计，杨奉怎能进行阻挠呢?”曹操说：“很好!”就派使者去见杨奉。

不久，天子车驾出关向东，遂把都城迁到许县。天子抵达曹操的军营，派曹操做大将军，封武平侯，开始把宗庙社稷设立在许县，许县改称许都。

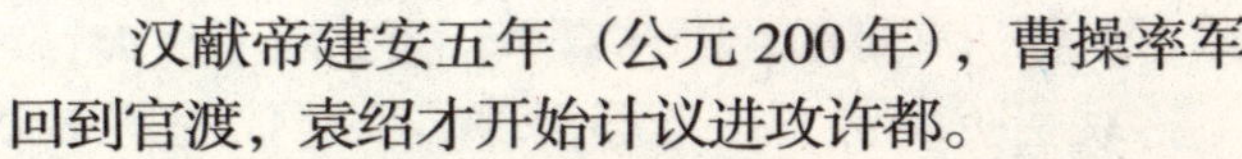

官渡之战

▶夜投曹操的许攸

汉献帝建安五年（公元200年），曹操率军回到官渡，袁绍才开始计议进攻许都。

九月，曹操出兵与袁绍交战，没有取胜，又退回营垒，坚守不出。曹操兵少粮尽，士兵疲惫不堪，百姓无法交纳沉重的赋税，纷纷背叛而降附袁绍。曹操大为忧虑，给荀彧写信，说准备用退回许都的办法引诱袁军深入。荀彧回信说：“袁绍集中全部军队到官渡，打算与您一决胜负。您以最弱者抵抗最强者，如果不能制敌，就将为敌所制，这正是夺取天下的关键。而且，袁绍只是布衣中的英雄罢了，能把人才招集在自己身边，却不能任用。以您的神武明智，加上尊奉天子名正言顺，有谁能阻拦得住！您的军队只有袁绍军队的十分之一，但您坚守不动，扼住袁军的咽喉，使袁军无法前进，已长达半年。情势显现，已到终结，必将发生变化，这正是出奇制胜的时机，一定不能放弃。”曹操听从荀彧的劝告，于是坚守营垒，与袁绍相持。

十月，袁绍又派车辆运粮，让他的部将淳于琼率兵1万多人护送，留宿在袁绍大营的北面40里。沮授劝说袁绍：“可派蒋奇另外构成一个支队在运粮车队的外围，以防曹操来夺取。”袁绍不听从。许攸说：“曹操兵少而倾巢出动来对抗我，许都由剩余的少量部队驻守，防备一定空虚。如果分派轻装队伍，夜行偷袭，可以攻占许都。占领许都后，就奉迎天子来征讨曹操，曹操就会成为俘虏。如果一时攻不下，也可让曹操前后奔命，这样一定能够击败他。”袁绍不听从，说：“我一定要先捉住曹操。”

时逢许攸家里人犯法，审配将其逮捕，许攸愤怒，就去投奔曹操。

曹操听说许攸前来，还没来得及穿鞋，光着脚出来迎接他，拍手笑着说：“许子卿，你远道而来，我的大事可以成功了！”

入座以后，许攸对曹操说：“袁军势大，你有什么办法对付他？现在还有多少粮草？”曹操说：“还可以支持一年。”许攸说：“没有那么多，再说一次。”曹操又说：“可以支持半年。”许攸说：“您不想击破袁绍吗？为什么不说实话呢！”曹操说：“刚才只是开玩笑罢了，其实只可应付一个月，怎么办呢？”许攸说：“您孤军独守，外无救援，而粮草已尽，这是危急的关头。袁绍有1万多辆辎重车，在故市、乌巢，守军戒备不严密。如果派轻装部队袭击，出其不意，焚毁他们的粮草与军用物资，不出3天，袁绍大军就会自行溃散。”

◀袁绍及其手下大将颜良、文丑

曹操大喜，便留下曹洪、荀攸防守大营，亲自率领5000名步骑兵出击。军队一律用袁军的旗号，兵士嘴里衔着小木棍，把马嘴绑上，以防发出声音，夜里从小道出营，每人抱一捆柴草。经过的路上遇到有人盘问，就回答说："袁公恐怕曹操袭击后方辎重，派兵去加强守备。"听的人信以为真，全都毫无戒备。到达乌巢后，围住袁军辎重，四面放火，袁军营中大乱。

袁绍听说曹操攻击淳于琼，就对他的儿子袁谭说："即便曹操击退淳于琼，而我除掉他的军营，他就无处可归了！"于是派他的将领高览、张郃等攻击曹操的军营。张郃说："曹操率精锐士兵前往，一定能击败淳于琼等。淳于琼失败，那大事就完了，请先去救淳于琼。"郭图坚决请求攻击曹操军营。张郃说："曹公军营坚固，一定不能攻克。如果淳于琼被抓住，我们都将成为俘虏了。"袁绍只派轻骑救援淳于琼，而用重兵攻打曹操军营，结果失利。

袁绍的骑兵到了乌巢，曹操左右有人说："袁贼的骑兵渐渐逼近，请分出部分兵力抵御他们。"曹操发怒道："贼到了背后再告诉我！"士卒们都拼死力战，于是大破袁军，斩淳于琼等人，把他们的粮谷全部烧毁，又把1000多守粮士卒的鼻子割掉，牛马割下唇舌，给袁绍的军队看。袁军将士都非常惊恐。郭图因自己的计策失败而感到惭愧，又向袁绍谗毁张郃，说："我军失败，张郃幸灾乐祸。"张郃又气愤又害怕，于是与高览焚烧了进攻的器具，到曹营投降。曹洪怀疑，不敢接受，荀攸说："张郃的计策不被采用，一怒之下前来投奔，你有什么好怀疑的！"就接受了张郃等人的投降。

于是，袁军惊恐，全面崩溃。袁绍和袁谭等人头包幅巾，骑上马，率800骑兵渡过黄河。曹操没有追上他们，全部收缴了袁绍的辎重、图书、珍宝。其余投降的士卒，曹操把他们全部坑杀，前前后后共杀了7万多人。

隆中对

琅邪人诸葛亮寄居在襄阳隆中，经常自比管仲、乐毅。当时没有人承认他，只有颍川人徐庶与崔州平认为确实如此。

刘备在荆州向襄阳人司马徽访求士人。司马徽说：“儒生俗士，怎会识时务，识时务的人在俊杰之中。我们这个地方的俊杰要数伏龙、凤雏了。”刘备问是谁，司马徽说：“诸葛亮、庞统。”

▲古隆中——诸葛亮隐居的地方

徐庶在新野拜见刘备，刘备很器重他。徐庶对刘备说：“诸葛孔明是一条卧龙，将军难道不想见他吗？”刘备说：“您请他来见我吧。”徐庶说：“此人只可前往拜见他，不可以让他屈尊前来，将军应屈驾去拜访他。”

因此刘备去拜访诸葛亮，一连去了三次才见到，就遣开其他人说道：“汉朝倾覆颓败，奸臣窃夺国家大权，我不度德量才，打算伸张正义于天下，但智谋短浅，所以颠沛失败，直至今日。然而我的志向并没有改变，您说应当怎么计划呢？”诸葛亮说：“如今曹操已拥有百万大军，挟天子以令诸侯，实在不能与他争锋。孙权占有江东，已经历三代，地势险要而民心归附，贤能之士为他所用，只可以与他相互援助而不能谋取。荆州北面依汉水、沔水，南边一直达到南海，东连吴会，西通巴蜀，这是一块用武之地，但这里的主人却不能固守它，这大概是上天用来资助将军的。益州地势险要，沃野千里，是天府之地，但刘璋昏庸懦弱，张鲁在他的北面，虽然民殷国富，但却不知抚恤，那里的智士贤才都盼望能得到一位明君。将军既然是汉朝王室的后裔，又以讲信义名闻四海，如果跨有荆、益二州，据守高山险阻，安抚戎、越部族，与之和睦相处，与孙权缔结盟好，对内整顿政治，对外观察时局变化，那么霸业就可以成功，汉朝就可以复兴。”刘备说：“太好了！”从此与诸葛亮的情谊日益亲密。关羽、张飞对此感到不满，刘备解释说：“我有了孔明是如鱼得水，希望你们不要再说了。”关羽、张飞才停止抱怨。

▶明朝戴进的《三顾茅庐图》

孙刘联盟抗曹

▶阎立本所作的蜀主刘备像

建安十三年（公元208年），曹操从江陵出发，将要顺长江东下。诸葛亮对刘备说："形势危急，我请求奉命去向孙将军求救。"于是他就和鲁肃一起去见孙权。

诸葛亮在柴桑见到孙权，对孙权说："天下大乱，将军在长江以东起兵，刘豫州（刘备）在汉水以南召集部众，与曹操共同争夺天下。现在，曹操基本已经消灭北方的主要强敌，接着南下攻破荆州，威震四海。在曹操大军面前，英雄无用武之地，所以刘豫州逃到这里，希望将军量力来加以安排。如果将军能以江东的人马与占据中原的曹操相抗衡，不如及早与操断绝关系；如果不能，为什么不早点解除武装，向他称臣？现在，将军表面上服从朝廷，而心中犹豫不决，事情已到危急关头而不果断处理，大祸将要临头了。"

孙权说："假如像你说的那样，刘豫州为什么不向曹操投降呢？"诸葛亮说："田横只不过是齐国的一个壮士罢了，还能够坚守节义，不肯受辱，何况刘豫州是王室的后代，英雄才略，举世无双，民心归顺他就像江河归向大海一样。万一事情不能成功，这是天意，怎么能够向他屈服呢？"孙权勃然大怒说："我不能拿全部东吴的土地和10万精兵去受别人的控制，我主意已定，除刘豫州之外，没有人能够同曹操抵抗；可是刘豫州刚刚吃了败仗，怎么能够担当这项重任呢？"诸葛亮说："刘豫州的军队虽然在长坂吃了败仗，现在归队的战士和关羽的水军还有精兵1万人，刘琦集结江夏的兵力也足有1万人。曹操的军队远道而来，已经疲惫。听说在追赶刘豫州时，轻骑兵一天一夜走了300多里路，这正是所谓的'强弩射出的箭，到了力量已尽之时，连鲁国生产的薄绸都穿不透'，所以《兵法》上最忌讳这么做，说这样必定会损失主将。况且北方人不熟悉水战，加上荆州的百姓投降曹操，是被武力所劫持，并不是心甘情愿的。现在将军真能够派勇猛的将领统率几万大军，和刘豫州联合起来共同抗敌，就一定能够打败曹操。曹操吃了败仗，必然退回北方，这样一来，荆州和东吴的势力就增强，鼎足三分的局势就形成了。成败的关键就在于今天。"孙权听后非常高兴，就召集他的部下开会商议。

这时，曹操派人送信给孙权，说："近来我奉天子之命讨伐叛逆，旌旗向南一指，刘琮降服。如今我整治水军80万，将和将军在吴地开战。"孙权把信拿给部属们看，他们无不惊慌失措。长史张昭等人说："曹公是豺狼虎豹，挟天子征讨四方，动不动就说是朝廷的命令；今天抵制他，事情就更显得名不正言不顺。况且将军抵抗曹操最为有利的是长江天险。现在曹操得到荆州，占领其地，刘表训练的水军，蒙冲战舰就数以千计，曹操把全部战舰沿江东下，加上步兵，水陆并进，这样，所谓长江天险他已和我们共有了，而势力的多少又不能相提并论。我们认为最好的办法是迎降曹操。"

只有鲁肃一言不发。孙权起身上厕所，鲁肃追赶到屋檐下，孙权知道他的想法，握着鲁肃的手说：“你想说什么？”鲁肃说：“我刚才观察了一下众人的言论，只想贻误将军，不足以与他们共谋大事。现在像我鲁肃这样的人可以迎降曹操，将军却不能。为什么这么说呢？现在我迎降曹操，曹操会让我还归乡里，依照我的名声和地位，至少还可以做一个下曹从事，坐着牛车，有吏卒跟随，交结名流贤士，步步升迁，还能做上州、郡的长官。可是将军迎降曹操，打算到何处安身？希望早点确定大计，不要采用众人的意见！”孙权慨叹道：“那些人的观点太让我失望，现在你阐述的大计正与我的想法相同。”

当时，周瑜奉命驻守鄱阳，鲁肃劝孙权把他召回来。周瑜来到后，对孙权说：“曹操虽然名义上是汉朝的丞相，但实际上是汉朝的贼臣。将军以神武英雄的才略，又凭借父兄的基业割据江东，统治的地区有几千里，精兵足够使用，英雄乐于效力，应当横行天下，为汉朝清除邪恶的贼臣。何况曹操自己前来送死，怎么可以去迎降？请允许我为将军分析：如今北方尚未完全平定，马超、韩遂还驻兵函谷关以西，是曹操的后患。而曹操舍弃鞍马，改用船舰，与生长在水乡的江东人来决一胜负。现在正是严寒，战马缺乏草料。而且，驱使中原地区的士兵远道跋涉来到江湖地区，不服水土，必然会发生疾疫。这几方面是用兵的大患，而曹操都贸然行事。将军抓住曹操的时机，正在今天。我请求率领精兵数万人进驻夏口，保证能为将军击破曹操。”孙权说：“曹操老贼早就想要废掉汉朝皇帝，自己篡位了，只是顾忌袁绍、袁术、吕布、刘表与我孙权。现在，那几个英雄都已被消灭，只剩下我还存在。我与老贼势不两立。你主张迎战曹军，正合我意，是上天把你授给了我！”孙权就势拔出佩刀砍向面前的奏案，说：“将领官吏们，有胆敢再说应当投降曹操的，就与这个奏案一样！”

当天夜里，周瑜又去见孙权，说：“众人只看见曹操信中说有水、步军80万而各自心怀恐惧，不再去估计他们的虚实，便发表了这样的议论，太没见识了。现在按实际情况计算，他所率领的中原士卒不过十五六万，而且已经长期疲劳；所得的刘表的军队至多有七八万，而且这些人还心怀狐疑。用疲惫的士卒控制狐疑的部众，人数虽多，着实不足以畏惧。我周瑜能得到精兵5万，自认为足以制胜，希望将军不要忧虑！”孙权拍着他的背说：“公瑾，你把话说到这种地步，非常合我心意。张昭等人，各自只顾妻子儿女，从私利考虑，使我大失所望；只有你同鲁肃与我的想法相同，这是老天用你二人来辅佐我。5万兵难以马上聚合，已选定了3万人，船、粮、战具都已备办齐全。你与鲁肃、程普率兵先行，我将继续调集人马，多装载物资粮草，做你的后援。你如能解决曹操，就与他决战，如两军相遇后并不像我们所预想的那样，你就撤军向我靠近，我当与曹操决一胜负。”于是任命周瑜、程普为左、右都督，统兵与刘备合力迎战曹操，任命鲁肃为赞军校尉，协助筹划战略。

▲阎立本所作的吴主孙权像

赤壁之战

▶赤壁滩前英姿勃发的周瑜雕塑

刘备驻军樊口，每天派巡逻的士兵在江边眺望孙权的军队。属官看到周瑜的船只，快马飞报刘备，刘备亲自去慰劳周瑜。

周瑜说："现在我军务在身，不能弃置不理，刘豫州倘能屈威相见，真是我所期望的。"

刘备乘船去见周瑜，说："现在抗拒曹公，极为得计。不知战士有多少？"

周瑜说："3万人。"

刘备说："可惜太少。"

周瑜说："这够用了，刘豫州且看瑜破敌。"

刘备想叫鲁肃等人前来一起交谈，周瑜说："如想要见子敬，可另行前往造访。"

周瑜大军挺进，和曹操相遇于赤壁。

当时曹操的部队中已发生疾疫。两军初次交战，曹军失利，退到长江北岸。周瑜等驻军在长江南岸，周瑜部将黄盖说："如今敌众我寡，难以长期相持。曹军正把战船连在一起，首尾相接，可以用火攻，击败曹军。"

于是，选取蒙冲战舰10艘，装上干芦苇和枯柴，在里边浇上油，覆上硫磺，外面裹上帷幕，上边插上旌旗，预先备好快艇，系在船尾。黄盖先派人送信给曹操，谎称打算投降。

当时东南风正急，黄盖将10艘战舰排在最前面，到江心时升起船帆，其余的船在后依次前进。曹操军中的官兵都出营观看，指着那些江中的船说黄盖来投降了。

离曹军还有2里多远，那10艘战舰同时点火，火烈风猛，船像箭一样向前飞驶，把曹军战船全部烧光，火势还蔓延到曹军设在陆地上的营寨。顷刻间，浓烟烈火，遮天蔽日，曹军人马烧死和淹死的不计其数。周瑜等率领轻装的精锐战士紧随在后，鼓声震天，奋勇向前，曹军大败。

曹操率军从华容道步行撤退，遇到泥泞，道路不通，天又刮起大风。曹操让所有的老弱残兵背草铺在路上，骑兵才勉强通过。老弱残兵被人马所践踏，陷在泥中，死了很多。刘备、周瑜水陆并进，追赶曹操直到南郡。

▲凭眺沧桑的古赤壁，往日的战火厮杀似乎依稀可见

▼轰轰烈烈的赤壁之战

这时，曹军又饿又病，死了一大半。曹操就留下征南将军曹仁、横野将军徐晃镇守江陵，折冲将军乐进镇守襄阳，自己率军返回北方。

▲浮雕作品——赤壁之战

周瑜、程普率领几万人马，与曹仁隔长江对峙，尚未开战。甘宁请求先去直接夺取夷陵。甘宁率部前往，一到就占领了夷陵，于是入城防守。益州牧刘璋的部将袭肃率领全军投降。周瑜上表，请求用袭肃的部队扩充吕蒙的兵力。吕蒙极力称赞袭肃，说：“袭肃有胆识，有才干，而且仰慕归化，远来投奔。从道理上讲，应该扩充他的兵力，而不应夺去他的军权。”孙权赞同吕蒙的看法，归还袭肃的军权。

曹仁派兵包围甘宁，甘宁被困，形势危急，向周瑜求救。吴军将领们以为兵力单薄，不能再分出援军去救甘宁。

▲周瑜点将亭

吕蒙对周瑜、程普说：“留凌统驻守江陵，我与您前去解围，也不会需要太长的时间，我保证凌统能守住 10 天。”周瑜同意他的建议，在夷陵大破曹仁军队，获战马 300 匹归来。于是，全军上下士气倍增，周瑜就渡过长江，驻兵北岸，与曹仁相持。

十二月，孙权亲自率军包围合肥，派张昭率军攻打九江郡所属的当涂，未能攻克。

关羽大意失荆州

▶明代画家商喜的作品《关羽擒将图》（局部），现藏北京故宫博物院

建安二十四年（公元219年），孙权写信给曹操，要求让他讨伐关羽，为朝廷效力，并请求不要泄漏这个消息，而让关羽有所防范。曹操向群臣询问，群臣都说应当为他保密。谋士董昭却说："我们可以答应孙权为他保密，但暗中将消息透露出去。关羽听到孙权要进攻他，如果退兵自保，那樊城的包围就解除了。如果保守秘密而不泄露，正让孙权得志。再说，被围困的将士不知道有救兵，看看城中粮食就快吃完，估计难以坚守，一定会惊慌不安，万一生出投降的想法，那我们的损失就大了，所以还是透露出去的好。况且关羽为人强悍，自恃江陵、公安两座城池防守坚固，一定不会立即退兵。"

曹操说："董昭说得对！"于是立即让徐晃将孙权的书信用箭射入被围的城中以及关羽的军营。被围在城里的将士得到书信后，士气旺盛百倍，关羽果然犹豫不决，并没有撤兵回去。

吕蒙到达寻阳，把他的精锐士兵都藏在普通的船中，让百姓摇橹，都穿着商人的衣服，日夜兼程。又将关羽设置的江边据点里的侦察人员全都捉了起来，所以关羽对吕蒙的行动一无所知。

公安、南郡守将麋芳、傅士仁负责供应军需物资，没有能全部按时送到。关羽说："回去以后，一定要治他们的罪。"麋芳、傅士仁都非常害怕。吕蒙到达后，命令原骑都尉虞翻写信劝说傅士仁，为他指明利害得失。傅士仁收到虞翻的书信，立刻便投降了。吕蒙将傅士仁带上，到达南郡。麋芳在南郡守城，吕蒙突然叫傅士仁出来与他相见，麋芳也立刻开城投降了。

关羽得知南郡失守后，立即向南撤退。

关羽多次派使者与吕蒙联系，吕蒙每次都厚待关羽的使者，允许他们在城中各处游览，向关羽部下亲属各家表示慰问。使者返回后，关羽部属私下向他们询问家中情况，尽知家中平安，因此关羽的将士都无心再战了。关羽自知处境孤独，陷入绝境，便向西退守麦城，而后弃城逃走。士兵们也全都逃散，只有十几名骑兵跟随他。

孙权事先已派人切断了关羽的去路，关羽和他儿子关平逃到章乡时，被孙权部将马忠擒获，并将他们斩首。从此以后，整个荆州都被孙权占据。

诸葛亮北伐

▲七擒孟获

公元225年，诸葛亮亲率大军，七擒孟获，平定了南中（今云南、贵州一带），稳固了蜀汉的后方。公元227年的春天，诸葛亮屯兵汉中，开始积极准备北伐。

当初诸葛亮放出风声，要从褒谷、斜谷攻打郿县（今陕西眉县），直捣长安。其实，这只是诸葛亮声东击西的策略。诸葛亮派赵云、邓芝为疑军，进占箕谷（今陕西太白境内），大张旗鼓，做出要进攻的模样；暗地里，诸葛亮却派大军主力北出祁山，想先取得陇右，然后再以高屋建瓴之势夺取长安。

公元228年春天，诸葛亮出兵祁山。蜀军经过这几年的严格训练，阵容整齐，号令严明，士气十分旺盛。由于刘备已经死了四五年，蜀中一向没有动静，魏国君臣不免放松了警惕。这次蜀军突然袭击祁山，守在祁山的魏军不是对手，纷纷败退。蜀军乘胜进军，祁山北面的天水、南安、安定三个郡的守将都背叛魏国，投降了诸葛亮。

那时候，魏文帝曹丕已经病死，曹魏的都城迁到了洛阳。魏国的文武百官得知蜀汉大举进攻的消息，都惊慌失措。倒是刚刚即位的魏明帝曹叡比较镇静，立刻抽调5万精锐兵力，由身经百战的张郃统领，赶往西线，驻防陇右。而且，曹叡还亲自到长安督战。

诸葛亮到了祁山，决定派一支先头部队，去占领战略要地街亭（今甘肃庄浪东南）。可是，由谁来带领这支人马呢？

曾任太守的马谡才干过人，喜欢谈论兵法，诸葛亮十分赏识器重他。刘备临终前对诸葛亮说："马谡言过其实，不能重用，你可要多加考察！"诸葛亮不以为然，任命马谡为参军，经常召见马谡，从白天直谈到深夜。

等到出兵祁山，诸葛亮没有重用有实战经验的老将魏延、吴懿，单单看中了马谡。并命他为先锋，王平为副将。

马谡和王平到了街亭，张郃的主力也正从东面开过来。马谡察看了地形，心中大喜，对王平道："这一带地势险要，街亭旁边有座山，我们正好在山上扎营，布置埋伏。张郃来了，我们就冲下山来，杀他个措手不及。"

王平略一沉吟，说："临走的时候，丞相吩咐要坚守城池，稳扎稳打，切勿贪功冒进。现在，将军在山上扎营，如果敌人从山下切断了水源，那我们又该怎么办呢？"

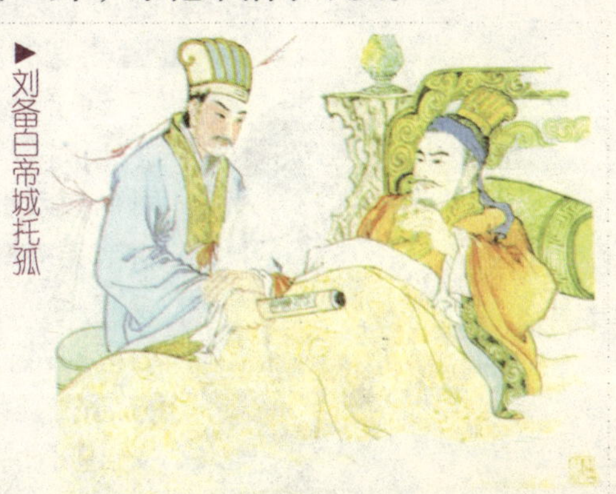

▲刘备白帝城托孤

马谡自以为熟读兵书，胸中十分有韬略，王平的劝告哪里听得进去半分，执意要在山上扎营。王平见状，只好央求马谡拨给他1000人马，好让他在山下临近的地方驻扎。

张郃率领魏军赶到街亭，看到马谡放弃现成的城池不守，却把人马驻扎在山上，暗暗高兴，马上传令手下将士，在山下筑好营垒，把马谡扎营的那座山围得严严实实、水泄不通。马谡几次命令士兵冲下山去，都被严阵以待的魏军挡住了。蜀军不但无法突破魏军阵线，反而被魏军的乱箭射死了不少。

果然，魏军切断了山上的水源。断了水的蜀军连饭都做不成，几天过去，自己先乱了阵脚。眼看蜀军就要崩溃，张郃发起总攻。蜀军将士纷纷逃散，谁也不听马谡的指挥。最后，马谡单枪匹马，杀出重围。

王平带领1000人马，稳守营垒。马谡一失败，王平就命令士兵们把战鼓擂得震天响，佯装进攻张郃。张郃也怀疑蜀军有埋伏，对蜀军不敢穷追猛打。王平整理好队伍，不慌不忙地撤退，一路上收容了不少马谡手下的散兵。

街亭失守，蜀军失去了重要的据点。为避免遭受更大损失，诸葛亮把人马撤退到汉中。

回到汉中，诸葛亮详细查问，知道街亭失守完全是马谡的责任。按照军法，诸葛亮把马谡下了监狱，定了死罪。在斩马谡的时候，诸葛亮想起他和马谡平时的情谊，心里十分难过，不禁失声痛哭。诸葛亮还亲自为他吊丧，痛哭流涕；抚养他的子女，与往常一样恩待他们。长史蒋琬对诸葛亮说："当初楚国杀了得臣，晋文公喜形于色。现在天下没有平定却杀死智谋之士，难道不惋惜吗？"

诸葛亮哭泣道："孙武所以能在天下克敌制胜，是执法严明，因而扬干犯法，魏绛就杀了他的仆人。如今四海分裂，战争才刚刚开始，若破坏法令，用什么来讨伐敌贼呢？"

王平在街亭曾经劝阻过马谡，在退兵时，又用计保全了人马，立了功，该受奖赏。于是，诸葛亮破格提拔王平为参军。

第一次北伐失败，固然是因为马谡违反军令，但诸葛亮用人不当更应该负责。于是，诸葛亮向后主刘禅上了一份奏章，请求将自己降职三级。刘禅接到奏章，不知所措，在大臣的建议下，才遵照丞相的意思办，把诸葛亮降级为右将军，兼理丞相的职务。

诸葛亮赏罚分明，又以身作则，蜀军将士都很受感动，士气更旺。这年冬天，诸葛亮带兵杀出散关（今陕西宝鸡西南），包围了陈仓（今宝鸡东）。第二年春天，诸葛亮又出兵收复了武都（今甘肃成县）、阴平（今甘肃文县西北）两个郡。刘禅恢复诸葛亮的丞相职务。

▶诸葛亮谋略为一代之冠，令司马懿黯然伤神

到了公元231年，诸葛亮第四次北伐，出兵祁山。当时魏军主帅大司马曹真病重，魏明帝派大将司马懿和张郃等一起率领人马赶往祁山。司马懿的精兵驻守在上邽（今甘肃天水）。诸葛亮希望速战速决，亲自率兵向司马懿挑战。但司马懿就是不肯应战。魏军将领以为司马懿害怕诸葛亮，纷纷请战，说："你见了蜀军就像见到老虎一样，难道不怕天下人耻笑吗？"

其实，司马懿执行战略防御的方针，不和诸葛亮决战是完全正确的。蜀汉的10万大军，一切给养都得从剑南运到前线，千里迢迢，常常跟不上。而魏军在本土作战，后方供应不成问题，利于打持久战。

很快，由于后方运粮官员失职，粮食供应不上，诸葛亮只好主动撤兵了。魏将张郃带兵紧紧追赶，赶到木门一带的山谷地带，中了诸葛亮的埋伏，被乱箭射死了。

诸葛亮几次出兵，都因为粮食供应不上而退兵。他吸取这个教训，设计了被称为“木牛”、“流马”的运输工具，很便利地把粮食运到斜谷口（在今陕西眉县西南）囤积起来。

▲为了解决伐魏的粮草供给难题，诸葛亮造出了“木牛流马”

魏明帝青龙二年（公元234年）二月，诸葛亮做好充分准备，发动10万大军进行第六次北伐。同时，他约好孙权，一起发动攻势，南北策应，使魏国腹背受敌。

诸葛亮的大军出了斜谷口，到了渭水南岸的五丈原。他一面派兵构筑营垒，做好长期作战的准备；一面又派兵在五丈原屯田，解决军粮供应不足问题。司马懿率领魏军渡过渭水，也筑起营垒，和蜀军对峙。

孙权接到诸葛亮的信，马上兵分两路，进攻曹魏。魏明帝曹叡一面亲率大军到南面抵挡东吴的进攻，一面通知司马懿在五丈原坚守不战。

孙权听说魏明帝曹叡亲临前线，就退兵了。诸葛亮只好单方面作战，但司马懿始终稳守营垒，诸葛亮三番五次挑战也没用。双方在那里相持了100多天。

要使魏军决战，就得想办法激怒司马懿。诸葛亮派人给司马懿送去一套妇女的服饰，意思是司马懿既然如此胆小，不如回去做个“闺房小姐”吧。

魏军将士见主帅受到这样的奇耻大辱，气不过，纷纷嚷着要跟蜀军决一死战。司马懿知道这是诸葛亮的激将法，并不发火。

为了稳固军心，司马懿说：“好，我马上给皇帝上个奏章，请他批准我们跟蜀军决战。”多日后，魏明帝派来一个大臣，传达命令，不许出战。

诸葛亮知道司马懿的用意，说：“上奏章请求打仗，司马懿这是做给将士们看的。将在外，君命有所不受，哪有千里迢迢去请战的道理。”

诸葛亮料到了司马懿的心思，司马懿也在探听诸葛亮的情况。一次，诸葛亮派使者到魏营，司马懿随口问道：“你们丞相公事一定很忙吧。近来身体如何？胃口可好？”

使者以为司马懿问的只是些客气话，也就不加隐瞒，老实地答道：“丞相的确很忙，军中的事情，无论大小，都得亲自过问。他每天起早贪黑，近来好像胃口不好，吃得很少。”

▶诸葛亮作战图

使者一走，司马懿就对左右将士说："嘿，诸葛亮吃得少，事情又那么多，还能活得久吗?"

不出司马懿所料，诸葛亮由于操劳过度，不久，就病倒在军营里了。没过几天，这位年纪仅 54 岁的蜀国丞相就病逝了。

诸葛亮生前已对蜀军的撤退作好安排。他嘱咐将领们，在他死后先别把消息透露出去。

将领们遵照他的安排，把他的尸体裹着放在车里，布置各路人马有秩序地撤退。

▶鞠躬尽瘁、死而后已的诸葛亮

司马懿得到诸葛亮病死的风声，立刻率领魏军追上去。刚过五丈原，蜀军的旗帜忽然转了方向，擂起战鼓，诸葛亮端坐于车驾中，蜀军转身杀将过来。司马懿大吃一惊，暗自思忖："难道诸葛亮诈死，引我上当?"赶紧调转马头，下令撤退。蜀军将领等魏军离得远了，才不慌不忙把全部人马撤出五丈原。进入斜谷后才发丧。

百姓为此编了一句谚语嘲笑司马懿，说："死诸葛吓跑了活仲达（司马懿的字）!"司马懿听了哈哈一笑说："我能猜到诸葛亮在世时的计谋，怎么能猜到诸葛亮死后也有计谋呢!"他又亲自跑到蜀军原来扎营的地方，观看了诸葛亮布置的阵势，不由得赞叹说："诸葛亮真是天下奇才啊!"

诸葛亮虽然深谋远虑、韬略过人，但由于种种原因，其六次北伐均以失败告终。

▲后世为纪念鞠躬尽瘁的诸葛亮而在五丈原上修建的武侯祠

◀诸葛亮曾经以《空城计》智退司马懿的兵马

刘禅乐不思蜀

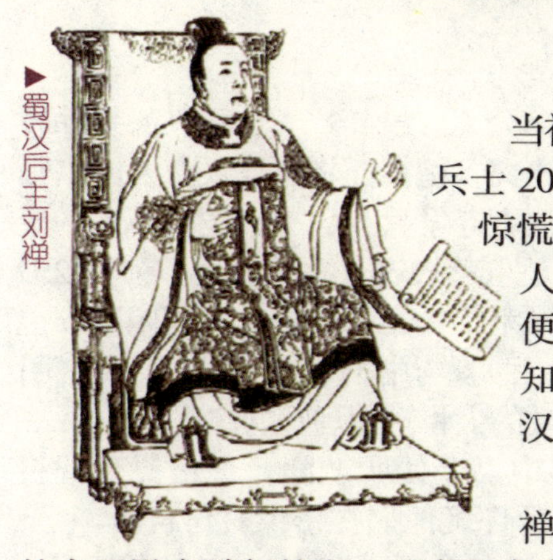

▶蜀汉后主刘禅

当初，后主刘禅派遣巴东太守襄阳人罗宪率领兵士2000人守卫永安，听说成都失守，官吏民众惊慌混乱，罗宪杀死宣称成都发生变乱的一个人，百姓才安定下来。等到接到刘禅的命令，便率领所属兵士，连续3天前往都亭。吴国得知蜀汉失败，调兵西上，表面上声称救援蜀汉，实际上想袭击罗宪。

魏元帝咸熙元年（公元264年）三月，刘禅全家迁居洛阳，临行时十分纷乱仓促，刘禅的大臣没有随行的人，只有秘书令郤正和殿中督汝南人张通舍弃妻儿老小单身随刘禅而行，刘禅仰仗郤正的导引帮助，才使自己的言谈举止合乎礼仪而无所缺误，于是他慨然长叹，恨自己了解郤正太晚。

◀三国割据图

后来，魏元帝封刘禅为安乐公，他的子孙与臣属封侯的有50多人。晋王司马昭和刘禅宴饮，为刘禅演奏蜀地的舞乐，旁边的人都为刘禅感伤，刘禅却如同平常一样谈笑。晋王对贾充说：“这个人没有情感竟到了这样地步；即使诸葛亮在世，也不能辅佐他，使他长久保全，何况是姜维呢？”

有一天，晋王问刘禅说：“你还思念蜀国吗？”刘禅说：“在这里很快乐，不思念蜀国。”

郤正听到后，就对刘禅说：“如果晋王以后再问，你应当哭着回答说：‘祖先的坟墓都远在岷、蜀，我心常常西望而悲，没一天不思念。’”

后来晋王又问他，刘禅就像郤正说的那样回答，只是哭不出眼泪，干脆闭上了眼睛。晋王说：“你说的怎么像郤正的话。”刘禅惊讶地睁开眼睛说：“确实像您所说的那样。”在场的人听后都哈哈大笑。

▲乐不思蜀

司马师废曹芳

大将军曹爽

魏嘉平元年（公元249年）春，司马懿发动政变，杀了大将军曹爽，把征西将军夏侯玄召回京师任太常。夏侯玄被剥夺了兵权，一直闷闷不乐。皇后的父亲张缉本是东莞太守，嘉平四年（公元252年）二月也被召回京师任光禄大夫，身居闲职，也郁郁不得志。两人与中书令李丰过往甚密，引起了代父执政的大将军司马师的注意。

李丰在中书令任职期间，皇帝曹芳常召见他，司马师怀疑他们在密谋对付自己。

嘉平六年（公元254年）二月的一天，司马师把李丰叫去，诘问李丰在皇帝面前说些什么。李丰不肯吐露，司马师大怒，用刀柄把李丰打死，命人把尸体送给廷尉，并以谋反罪将李丰的儿子李韬以及夏侯玄、张缉等全部处死。曹芳见李丰等被杀，愤愤不平。

这年秋天，中领军许允被任命为镇北将军，假节、都督河北诸军事。曹芳素知他与李丰、夏侯玄关系密切，许允临离京师时，曹芳特意召集文武百官为他饯行。

席间，曹芳又让许允到自己身边就座。许允流泪拜别曹芳，不胜感伤。司马师早就怀疑曹芳暗中支持李丰，见他与许允这般亲热，十分恼怒，一面命亲信诬告许允，以莫须有的罪名将他处死，一面暗中策划废黜曹芳。

司马昭领兵入城，大将军司马师就阴谋废掉魏帝。九月十九日，司马师假传皇太后的命令召集群臣议论，以魏帝荒淫无度、迷恋声色为由，不配继承帝王基业。文武百官面面相觑，都不敢反对。于是上奏章要没收魏帝的玺绶，贬为齐王。又让郭芝入宫告诉太后。太后很不高兴。郭芝说："太后有儿子却不能教育，现在大将军主意已定，又领兵在外以防备非常事变，只能顺着他的意思，还有什么可说的！"太后说："我要见大将军，有话对他说。"郭芝说："有什么可见的！现在应该快点取来玉玺！"太后无奈，就让身边的侍从官取来玉玺放在座位旁。郭芝报告司马师，司马师很高兴。又派使者把齐王之印绶给魏帝，让他住在西宫。

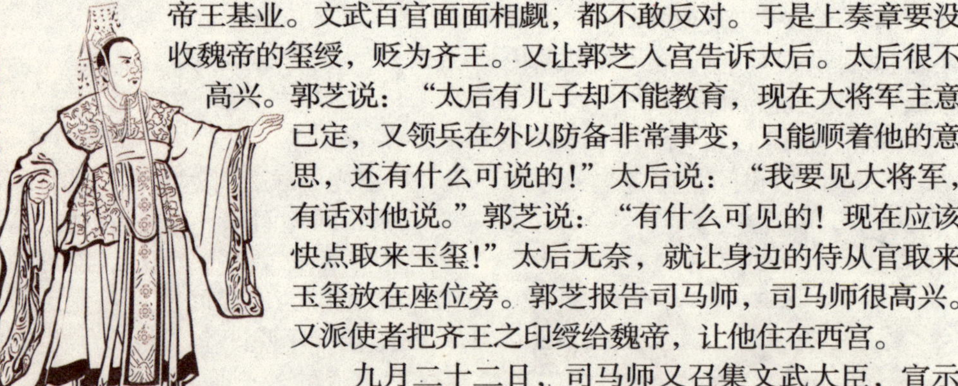
高贵乡公曹髦

九月二十二日，司马师又召集文武大臣，宣示太后旨意，派人前往元城迎接东海王曹霖之子曹髦。曹髦抵达洛阳后在太极殿前殿正式登基。

司马昭之心

◀司马懿的两个儿子司马师（上）和司马昭（下）

司马懿死后，大儿子司马师辅助13岁的魏帝曹髦，权势比司马懿更大，但没有多久就病死了。司马师在病重的时候，把一切权力交给了弟弟司马昭。

魏景元元年（公元260年）四月，魏帝曹髦迫于形势，诏令有关官员一切遵照以前的命令，再次晋升大将军司马昭为相国，封为晋公，加赐九锡。

魏帝曹髦见自己的权威日渐削弱，感到非常愤恨。

五月初七，魏帝曹髦召见侍中王沈、尚书王经、散骑常侍王业，对他们说："司马昭之心，路人皆知，我不能坐等被废黜的耻辱，今天我将亲自与你们一起出去讨伐他。"

王经说："古时鲁昭公因不能忍受季氏专权，讨伐失败，丢掉国家出走，被天下人耻笑。如今权柄被司马家掌握，已经很久了；朝廷内外都为他效命，而不顾逆顺之理，也不是一两天了。而且宫中宿卫空缺，武器盔甲又少又差，陛下凭借什么讨伐呢？而且您一旦这样做，岂不是想要除去疾病却反而病得更厉害了吗？祸患难以预料，应该等待更好的时机。"

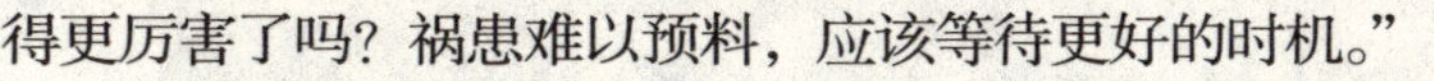

这时魏帝从怀里拿出黄绢诏书扔在地上说："我已经决定这样做了！即使死了也没有什么可怕的，何况不一定死呢！"说完就进内宫去禀告太后。

王沈、王业跑去报告司马昭，还想叫王经一起去，但王经不去。

魏帝随即拔出佩剑登上辇车，率领宫殿里的宿卫、僮仆等人呼叫着冲出来。司马昭的弟弟屯骑校尉司马伷在东止车门遇上魏帝，魏帝左右之人怒声呵斥他们，司马伷的兵士被吓得逃走了。

中护军贾充由外而入，迎面与魏帝战于南面宫阙之下。魏帝亲自用剑拼杀，众人想要退却，太子舍人成济问贾充说："事情紧急了，你说怎么办？"贾充说："司马公养你们这些人，正为了今日。今日之事，没什么可问的！"于是成济立即持戈上前攻击魏帝，将他杀死在辇车之下。

司马昭闻讯大惊，自己跪倒在地。太傅司马孚跑过去，把魏帝的头枕在自己的腿上，哭得很伤心，说："陛下被杀，是我的罪过啊！"

司马昭进入殿中，召群臣一起商议。尚书左仆射陈泰没有来，司马昭让陈泰的舅舅尚书荀𫖮去叫他。陈泰见了他说："世人议论的时候，把我陈泰跟舅舅您相比，今天看来您不如我陈泰。"

但家人都逼着陈泰去，他才不得已而入殿。见到司马昭，陈泰悲恸欲绝，司马昭也流着泪对他说：“玄伯，你将如何为我打算呢?”

陈泰说：“只有杀掉贾充，才能稍稍谢罪于天下之人。”

司马昭考虑良久，说：“你再想想其他办法。”

陈泰说：“我只能说到这个地步，不知道还有什么办法。”

司马昭就不再说话了。

太后下令，列举曹髦的罪状，把他贬为庶人，以百姓之礼安葬。拘捕王经及其家属交给廷尉处置。王经向他母亲道歉，他的母亲神色不变，笑着回答说：“人谁能不死，就怕死的不是地方。为这事大家同死，又有什么遗憾的!”被杀之日，王经以前的下属向雄为他哭泣，悲哀之声让整条街的人为之感动。

九月初八，太傅司马孚等人上奏，请求以诸侯王之礼安葬曹髦，太后同意了。派司马昭之子司马炎到邺城去迎接燕王曹宇之子常道乡公曹璜，作为魏明帝的继承人。

石崇王恺斗富

▶阎立本所作的晋武帝司马炎像

晋武帝统一全国后，志满意得，完全沉湎在荒淫的生活里。在他的带头提倡下，朝廷里的大臣们把摆阔气当作体面的事。

在京都洛阳，当时有三个出名的大富豪：一个是掌管禁卫军的中护军羊琇，一个是后将军王恺，还有一个是散骑常侍石崇。羊琇、王恺都是外戚，他们的权势比石崇来得大，但是在财富方面却比不上石崇。

石崇到了洛阳，听说王恺的富有很出名，有心跟他比一比。

听说王恺用糖膏刷锅，石崇就用蜜蜡当柴烧；王恺用紫色的蚕丝作路两旁的屏幕，长达40里，石崇就用锦作屏幕，长50里；石崇用花椒粉和泥涂房屋，王恺就用赤石蜡涂墙。

晋武帝觉得这样的比赛挺有趣，就把宫里收藏的1株2尺多高的珊瑚树赐给王恺，好让王恺在众人面前夸耀一番。有了皇帝帮忙，王恺比阔气的劲头更大了。他特地请石崇和一批官员上他家吃饭。宴席上，王恺得意地对大家说："我家有一株罕见的珊瑚树，请大家观赏一番怎么样？"大家当然都想看一看。王恺命令侍女把珊瑚树捧了出来。那株珊瑚树有2尺高，枝条匀称，色泽粉红鲜艳。大家看了赞不绝口，都说真是一件罕见的宝贝。只有石崇在一边冷笑。他看到案头正好有一支铁如意（一种器物），顺手拿起朝着珊瑚树正中轻轻一砸，珊瑚树被砸得粉碎。周围的官员们都大惊失色，王恺更是满脸通红，气急败坏。石崇嬉皮笑脸地说："您用不着生气，我赔您就是了。"

▶富可敌国的石崇最终因才妓绿珠而亡，绿珠更是以死相酬，演绎了一段悲欢的爱情故事

石崇立刻叫他的随从回家去，把他家的珊瑚树统统搬来让王恺挑选。不一会儿，一群随从回来，搬来了几十株珊瑚树。这些珊瑚树中，三四尺高的就有六七株，大的竟比王恺的高出一倍。株株条干挺秀，光彩夺目。至于像王恺家那样的珊瑚树，那就更多了。

周围的人都看呆了。王恺这才知道石崇家的财富，比他不知多出多少倍，只好认输。

八王之乱

▲晋惠帝司马衷的皇后贾南风

公元290年，晋武帝死后，太子司马衷继位，是为晋惠帝。但其是个白痴，除了享乐外，什么事也不懂。皇后贾氏是一个有政治野心的人，她先是借助楚王司马玮除掉掌权的杨氏外戚，接着又施展手段杀了楚王司马玮，这样贾后就完全掌握了朝政大权。

永康元年（公元300年），皇后贾氏废掉了一向与她有矛盾的太子，引起了诸王和一部分拥护太子的朝臣的不满。右卫督司马雅等人认为右军将军赵王司马伦掌握兵权，生性贪婪冒失，可以借他的力量废黜贾后，于是劝司马伦的亲信孙秀说：“皇后残暴嫉妒，不守本分，与贾谧等人一起诬陷、废黜太子。现在国家失去继承人，社稷面临危险，大臣们将要发动政变。您名义上在皇后的中宫任职，与贾氏关系亲密。太子被废黜，大家都说您事先就知道。一旦发生政变，灾祸一定会落到您头上。为什么不让赵王先发制人，废黜皇后呢？”孙秀许诺答应，告诉了司马伦。司马伦同意了，于是通知通事令史张林和省事张衡等人，让他们做内应。

于是孙秀就派人挑拨离间，扬言说宫中有人想废黜皇后，扶立太子。贾后多次派宫女乔装打扮去民间探察，听到这些流言后非常害怕。司马伦、孙秀也趁机劝说贾谧等人尽快除掉太子，让人们断绝希望。结果，贾后就派人杀了太子。

太子死后，司马伦和孙秀准备讨伐贾后，约定用鼓声作信号。到了约定时候，司马伦假借皇帝旨意，命令皇宫禁卫军说：“贾皇后与贾谧等人杀害朕的太子，现在派车骑将军进宫废黜皇后，你们都应该服从命令。事情过后，赐爵关中侯。不服从者，诛灭三族。”众禁卫军都表示服从。

之后又假称诏令骗开宫门，趁天黑进宫，把士兵布置在路的南边，派翊军校尉齐王司马冏带领100名士兵入宫。华林令骆休为内应，把晋惠帝司马衷接到东堂，下诏把贾谧召到殿前，要杀了他。贾谧跑到西钟下面，大叫：“皇后救我！”士兵上前把他杀了。

贾后见到司马冏，惊讶地问：“你来干什么？”司马冏说：“有诏令要逮捕你。”贾后说：“诏令应该是从我这儿发出的，还有什么诏令！”贾后跑到皇帝住的地方，远远地对司马衷喊：“陛下有妻子，却让人废黜，就说明陛下自己也将被废黜了。”

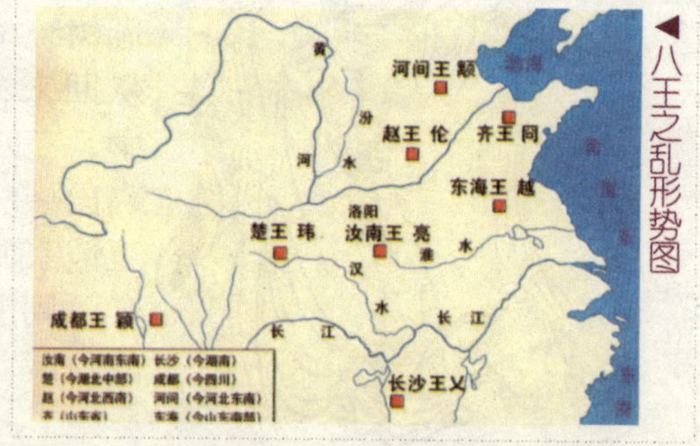

◀八王之乱形势图

于是贾后被废为庶民，囚禁在建始殿。

司马伦成功地废黜了贾后以后，又与孙秀图谋篡夺皇位，打算先除掉朝廷中有名望的大臣，并借机报复以前结怨的人。于是就把张华等人抓起来杀掉，并诛杀三族。自己担任相国、侍中等多项要职。

永宁元年（公元301年）正月，相国司马伦和孙秀让牙门赵奉假借宣帝司马懿的神灵传语，说："司马伦应当尽快入西宫即位。"

散骑常侍义阳王司马威一向谄媚侍奉司马伦，司马伦就让司马威兼任侍中，派他逼迫惠帝交出玺绶，起草禅让的诏书。又派尚书令满奋手持符节，捧上玺绶，表示惠帝已经把帝位禅让给司马伦。

初九，司马伦准备好皇帝专用的车马仪仗，进入皇宫，即皇帝位。然后大赦天下，改年号为建始。让司马衷从华林园西门出宫，到金墉城居住，派张衡带兵看守，然后尊他为太上皇。

司马伦当上皇帝，大肆封官，手下的人被越级提拔的不可胜数，甚至奴仆士兵也都封官加爵。每当朝会，插着貂尾、蝉羽的高级官员座无虚席。当时的人为此编了句谚语："貂不足，狗尾续。"这一年，全国府库的储备都不够用来赏赐。封侯的人太多，来不及铸造官印，有的就给他一个没有字的光板印代替。

齐王司马冏见司马伦当了皇帝，心里很不服气，便向全国发出了讨伐司马伦的檄文，号召各地亲王起兵。成都王司马颖、河间王司马颙都有夺权的野心，便和司马冏联合攻打司马伦。两方打了60多天，死了10万多人，最后司马伦兵败被杀。

▶晋朝辟邪水注

司马冏进入洛阳，怕司马颖和司马颙跟他争权，便让惠帝复位，封自己为大司马，在幕后操纵政局。司马颙看穿了司马冏的诡计，便派出2万兵马攻打洛阳。长沙王司马乂也有政治野心，起兵响应司马颙。他派出100名骑兵，冲进洛阳，杀了司马冏，控制了朝政。

司马颖和司马颙联合起来进攻洛阳，共同对付司马乂。司马乂控制住惠帝，发兵抵抗。正当双方打得难解难分之时，洛阳城里的东海王司马越利用皇城的禁卫军，在夜里捉住司马乂，将他活活烧死。司马颖乘机进入洛阳，掌握了政权。

▶西晋越窑青瓷

司马越认为自己杀司马乂有功，却没有得到什么好处，心有不甘，便假借惠帝的名义，起兵攻打司马颖，结果打了败仗，逃回东海郡。

这时，跟司马颖有仇的幽州刺史王浚，不甘心让司马颖掌握政权，便联合鲜卑、乌桓攻打司马颖。司马颖忙派人去匈奴，请左贤王刘渊前来助战。最后，王浚打败了司马颖，司马颖挟持惠帝逃到长安。

长安掌握在河间王司马颙的手中，他见司马颖兵败来投，便趁机排挤他，从而独揽了朝权。司马越联合王浚攻下长安，将惠帝、司马颖、司马颙带回洛阳。不久，司马越杀了司马颖、司马颙，毒死了惠帝，另立惠帝的弟弟豫章王司马炽为帝，史称晋怀帝。

从公元291年楚王司马玮带兵进入洛阳开始，到公元306年惠帝被毒死为止，战乱持续了10多年，史称"八王之乱"。

闻鸡起舞

晋朝，范阳人祖逖，年轻时就有大志向，曾与刘琨一起担任司州的主簿。与刘琨同寝，夜半时听到鸡鸣，他踢醒刘琨，说："这不是令人厌恶的声音。"就起床舞剑。

建兴元年（公元313年），左丞相司马睿让他担任军咨祭酒。祖逖住在京口，聚集起骁勇强健的壮士，对司马睿说："晋朝的变乱，不是因为君主无道而使臣下怨恨叛乱，而是皇亲宗室之间争夺权力，自相残杀，这样就使戎狄之人钻了空子，祸害遍及中原。现在晋朝的遗民遭到摧残伤害后，大家都想着自强奋发，大王您确实能够派遣将领率兵出师，使像我一样的人统领军队来光复中原，各地的英雄豪杰一定会有闻风响应的人！"

司马睿一直没有北伐的志向，他听了祖逖的话后，就任命祖逖为奋威将军、豫州刺史，仅仅拨给他千人的口粮，3000匹布，不供给兵器，让祖逖自己想办法募集。

祖逖带领自己私家的军队共100多户人家渡过长江，在江中敲打着船桨说："祖逖如果不能使中原清明光复成功，就像大江一样有去无回！"于是到淮阴驻扎，建造熔炉冶炼浇铸兵器，又招募了2000多人，然后继续前进。

淝水之战

▶曾经风声鹤唳、草木皆兵的八公山淝水之战古战场

晋孝武帝太元八年（前秦建元十九年，公元 383 年）十月，前秦王苻坚的弟弟阳平公苻融率兵攻下东晋的寿阳，俘获了东晋守将徐元喜等。苻融以其参军郭褒为淮南太守。秦军慕容垂的部队又占领了郧城。

晋军将领胡彬率部队西进迎敌，走到半路得知寿阳失守，即退守硖石。苻融率军进攻。苻融的部将梁成率兵 5 万进至洛涧，听到晋军西进，在洛口设置木栅，阻断淮河交通，以御晋军西进。执掌朝政的宰相谢安命晋军将领谢石、谢玄率兵前去迎敌，他们距洛涧 25 里处与梁成相持，因惧怕秦兵不敢再前进。

胡彬军粮用尽，秘密派人送信给谢石说："今敌士气旺盛，我军粮尽。恐怕不能同你们会合了。"胡彬的信被秦军截获，送到阳平公苻融处。苻融向前秦王苻坚建议说："敌军兵力很少，容易打败，就怕他们逃走，应该赶快进攻。"

苻坚得报后，把部队留在项城，带了 8000 骑兵赶到寿阳，并派尚书朱序去晋营劝降谢石。朱序原来是东晋防守襄阳的将领，襄阳失守时被俘。

朱序来到晋营以后，不仅没有劝降，反而向谢石透露了秦军的情况，并建议说："如果百万秦军全部到达，晋军难以抵挡。现在应该趁秦军的各路兵马还没有集中的时机，迅速发起反攻；只要打败它的前锋，挫伤它的锐气，秦军的进攻就不难打破了。"

谢石听说苻坚在寿阳，很害怕，打算用坚守不战的办法使秦军疲惫。谢琰劝谢石采纳朱序的建议。十一月，谢玄派广陵相刘牢之率领精兵 5000 进攻洛涧（今安徽淮南东）。没有走到 10 里，梁成隔涧为阵以待晋军，刘牢之强渡洛涧，进攻梁成军，把他们打得大败，击杀梁成和弋阳太守王咏。

刘牢之又分兵断秦军归路，秦军步兵、骑兵都崩溃，争先渡淮水，士兵死 15000 人。并活捉了扬州刺史王显等人，缴获大量军用物资。于是谢石指挥部队，水陆并进。秦王苻坚和阳平公苻融在寿阳城上观战，看到晋军阵容严整，又望八公山上的草木也以为是晋军，苻坚回头对苻融说："这明明是强敌，怎么说是弱敌呢!"

秦军在洛涧失利之后，沿淝水西岸布阵防御，晋军不能渡河。谢玄派人对苻融说："你率兵深入晋地，却沿淝水布阵，这是持久作战的办法，不是速战速决的打算，如果你把秦军稍向后撤，让出一块地方，使晋军渡过淝水，两军决一胜负，不是很好吗?"

秦军诸将都说："我众敌寡，不如凭借淝水布阵设防，使晋军不得过来，可以万全。"但苻坚却说："可以稍退一步，让他渡过淝水，等他们人马正在渡河的时候，用骑兵夹击砍杀，没有不胜的。"

苻融也以为他说得对，于是指挥秦军后撤。这一撤便止不住了。谢玄、谢琰、桓伊等率军乘势抢渡淝水，展开猛烈攻击。苻融见势不妙，急忙驰马赶到后面整顿部队，结果马倒人落，被晋兵杀死，秦兵全线崩溃。谢玄等乘胜追击，到达青冈。秦兵自相践踏而死者蔽塞川野。向后逃跑的人，听到风声和鹤叫的声音也以为是东晋的追兵，拼命逃跑；在野外露宿，加上饥冻，死了十分之七八。

▲《东山携妓图》，图中男子即是谢安（谢东山），其是淝水之战的总指挥，也是这场战争的最大功臣

当初，为了让晋军渡河决战，秦军稍向后撤时，朱序在秦军阵后大呼："秦兵败了！"秦兵听了于是狂跑。朱序和张天锡、徐元善乘机奔回东晋。晋军缴获了苻坚坐的战车，收复了寿阳，俘虏了淮南太守郭褒。

谢安得到驿站快报，知道秦兵已被打败，那时他正和客人下围棋，把快报放在书架上，不露一丝欣喜神色，像平时一样下棋。客人问起战事，谢安慢条斯理地说："年轻人已经打败了敌人。"下棋结束，回内房去，走过门槛，也没有发现碰掉了屐底齿。

淝水之战苻坚统一南北的愿望破灭了，同时，北方暂时统一的局面也告解体。苻坚两年后被姚苌俘杀，前秦随之灭亡。淝水之战是中国军事史上以少胜多的著名战例，对后世兵家的战争观念和决战思想都有着久远的影响。

▲淝水之战的壮观场面

拓跋珪建北魏

▲盛乐故城遗址。拓跋鲜卑在盛乐建国，并逐渐从部落联盟向中央集权的国家过渡。盛乐城发现了大量鲜卑遗物，证实是北魏立国早期的重要根据地，拓跋氏政权在此加强军事力量，等待进入中原的时机

晋孝武帝太元十年（公元385年），拓跋珪从曾祖拓跋纥罗和他的弟弟拓跋建以及各部大人，共同推举拓跋珪为首领。次年正月初六，拓跋珪在牛川（今呼和浩特市西南）召集各部落，建立代国，登上代王位，改年号为登国。

二月，代王拓跋珪迁到定襄的盛乐城居住，致力于农业，使民众得到休整，国内的人都爱戴他。

三月，匈奴部落首领刘显从善无向南迁到马邑，他的同族人刘奴真率领所属部众向代国请求归降。

四月，拓跋珪改称魏王，北魏政权正式建立。

一天，魏王拓跋珪向东前往陵石，护佛侯部落首领侯辰、乙佛部落首领代题都叛逃。各将领请求追赶，拓跋珪说："侯辰等人世代效力，有了罪过应该姑且容忍他们。当今国家刚开始创立，人心不统一，愚昧的人本来会进退无常，不值得追赶他们！"

七月初十，魏王拓跋珪返回盛乐城，代题又率领部众来归降。过了10多天，代题又投靠刘显；拓跋珪命令他的孙子倍斤接管他统领部众。刘显的弟弟刘肺泥率领部众归降北魏。

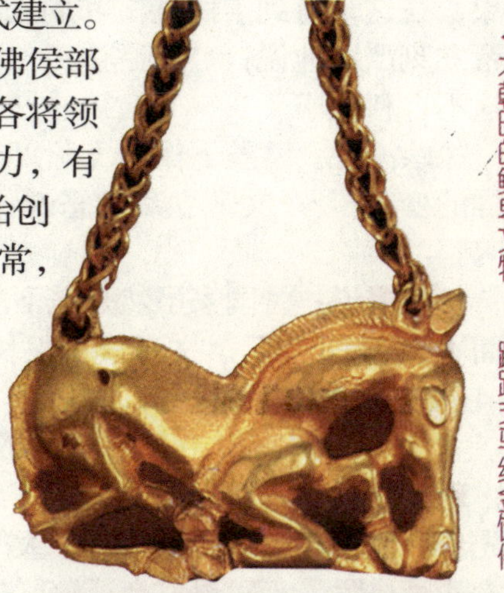
◀北朝时的鲜卑文物——蹲距式马纹金饰件

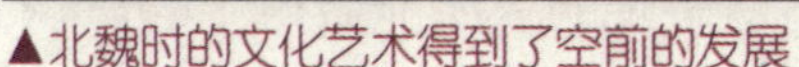
▲北魏时的文化艺术得到了空前的发展

魏孝文帝迁都

▲大胆改革的北魏孝文帝

北魏孝文帝太和十六年（公元493年），北魏孝文帝因为平城气候寒冷，六月时就下雪，而且经常狂风大作、飞沙漫天，所以准备把京都迁到洛阳。但他又担心文武官员们不同意，于是，提议大规模进攻南齐，打算以这种名义胁迫大家。

在明堂南厢东边的偏殿斋戒之后，让太常卿王谌占卜，得到“革”卦，孝文帝说：“商汤王和周武王进行变革，是适应上天之命，顺应百姓之心。没有比这更吉祥的了。”

文武官员没有人敢说什么。尚书任城王拓跋澄说：“陛下继承几代累积下来的大业，并使之发扬光大，拥有了中原土地，而如今却要讨伐还没有臣服的对象，在这时得到了商汤王和周武王变革的象辞，恐怕这并不全是吉利。”孝文帝立刻严厉地说：“卦繇说：‘大人物实施老虎一样的变革。’你为什么要说这不吉利呢?”

拓跋澄说：“陛下作为飞龙兴起已经很久了，怎么到今天又实施如同老虎一样的变革?”孝文帝立刻发怒说：“国家是我的国家，任城王打算要阻止大家吗?”

拓跋澄说：“国家虽然是陛下所有，而我是国家的臣属，怎么可以明知危险而不说出来呢?”孝文帝过了很长时间才缓和了气色，说：“每个人都该说出自己的看法，这又有什么关系!”

孝文帝回到宫中，立刻召见拓跋澄，劈头就说：“刚才关于‘革’卦的事，现在要进一步和你讨论一下。在明堂上，我之所以大发脾气，是因为大家争先恐后地发言，破坏了我一个大的决策，所以，我就声色俱厉，以此吓唬那些文武官员罢了，我想你会了解朕的用心。”

于是命令左右侍从退下，对拓跋澄说：“今天我所要做的这件事确实是很不容易的。我们国家是在北方疆土上建立起来的，后来又迁都到平城。但是，平城只是用武力开疆拓土的地方，而不宜进行治理教化。现在，我打算进行改变风俗习惯的重大变革，这条路走起来确实困难，朕只是想利用大军南下征伐的声势，将京都迁到中原，你认为怎么样?”

拓跋澄说：“陛下您打算把京都迁到中原用以扩大疆土，征服四海，这一想法也正是以前周王朝和汉王朝兴盛不衰的原因。”

孝文帝说：“北方人习惯留恋于旧有的生活方式，那时，他们一定会惊恐骚动起来，怎么办?”

拓跋澄回答说：“不平凡的事，原来就不是平凡的人所能做得了的。陛下的决断，是出自您圣明的内心，他们又能有什么办法呢?”孝文帝高兴地说：“任城王真是我的张子房呀!”

六月，北魏孝文帝下令在黄河上修筑大桥，准备让南下大军由桥上渡过黄河。秘书监卢渊上表说："以前太平时代的君主，从来没有过亲自统率大规模军队作战，在双方交战阵地上决一胜负的，还不是因为胜利了并不足以显示勇敢，而失败了则会使自己的威望受到损失吗？以前，曹操统率10000名疲惫不堪的士卒打败了袁绍，谢玄率领3000名步兵摧毁了苻坚的大军，胜利与失败的变化，决定于转眼的工夫，而不在于人数多少。"

孝文帝下诏回答说："太平时代的君主之所以不亲自统率军队作战，有的是因为天下已经统一，不再存在敌人；有的是因为懦弱卑怯，苟且偷安。现在说是天下已经统一、太平，实际上并不是这样；与懦弱卑劣的人相比，又是十分可耻的。如果太平时期的君主一定不应该亲自统率军队作战，那么，古代的君主特别制造的战斗时使用的革车，又会有什么用呢？曹操之所以能取得胜利，是因为他的行动名正言顺。苻坚之所以失败了，其根源是由于他失德无道。怎么能是人数少就一定能战胜人数多、力量弱就一定能战胜力量强的呢？"

于是北魏朝廷宣布戒严，即将南征。齐武帝听到这个消息立刻下诏，发动扬州、徐州男子入伍，同时在各地大肆征兵买马，用以防备北魏大军的入侵。

九月，孝文帝从平城出发，直到抵达洛阳，天一直下雨，没有停过。

九月二十八日，诏令各路大军继续向南进发。第二天，孝文帝身穿战服，手持马鞭，骑马出发。文武官员赶紧拦住马头，不断叩拜。孝文帝说："作战计划已经决定，各路大军将要继续前进，你们还想要说什么呢？"

▶始建于孝文帝时的云冈石窟，其造像之精美，至今仍令世人惊叹不已

尚书李冲等人说："我们现在的行动全国上下都不愿意，只有陛下一个人想实现它。臣不知道陛下一个人走，将要到什么地方去。我们有报国效忠皇上的心愿，却无法表达出来，只好冒死向陛下请求。"

孝文帝勃然大怒，说："我现在正要征服外邦，希望统一天下，治理国家，可你们这些文弱书生却多次怀疑这一重大决策。杀人用的斧钺有它们使用的地方，你们不要再多说什么！"

说完，又纵马要走。这时，安定王拓跋休等人一齐来劝谏，流泪阻止。孝文帝又告诉大家说："这一次，我们出动军队的规模不小，出动而没有什么成就，我们将来拿什么让后人看？朕世世代代居住在幽朔，一直想要南迁到中原。如果我们不再向南征伐，那么，我们就应该把京都迁到这里，你们认为这样做怎么样？"

北魏平城遗址

当时与北魏一同在北方兴起的鲜卑后人，虽然不愿意南迁，但又害怕南征，所以没有人敢讲话。迁都洛阳的大计终于确定下来了。

李冲对孝文帝说："陛下将要迁都洛邑，可是，皇家祖庙和皇宫、府宅都要重新建造，我们不能只骑在马上走来走去，等待它们建成。希望陛下暂时回到代都，等到文武百官把这一切事情做好之后，陛下再备齐仪仗，在宁静祥和的銮铃声中莅临新的京都。"

孝文帝说："朕正要到各个州郡巡查，现在正好可以利用这个机会，先到邺城暂作停留，明年一开春就返回，而不应该先回北方。"于是，派遣任城王拓跋澄返回平城，向留守在那里的官员们宣布迁都的情况。临行前，孝文帝对任城王说："如今才是'革'卦上真正的'革'，你要把事情办好。"

由于文武官员的意见并不一致，孝文帝就对卫尉卿、镇南将军于烈说："你是怎么想的呢?"

于烈回答说："陛下圣明的谋略是为了国家长远的利益，这不是愚昧、肤浅的人所能预测得到的。但如果推测大家的心意，愿意迁都的人和依恋故土的人正好各占一半。"孝文帝说："你既然没有公开说自己反对，那就是表示认同了，我深感到你不说话的好处。"于是，派于烈回到平城镇守，说："留守在朝廷里的一切事情，全都托付给你了。"

在这之前，北地平民支酉聚集了几千人，在长安城城北石山发起武装暴动，并派使者向南齐梁州刺史阴智伯报告。秦州平民王广也聚众起来响应支酉，进攻并抓获了北魏秦州刺史刘藻。于是，秦州、雍州之间七州的平民都受到震动，响应人数多达10万。他们分别据守在城堡里，等待南齐派兵救援。

北魏河南王拓跋干率领大军袭击，结果大败。支酉率领军队乘胜进军到咸阳北边的浊谷，司空穆亮又与支酉大战，结果也大败。由于战争不止，迁都一事被搁置下来。

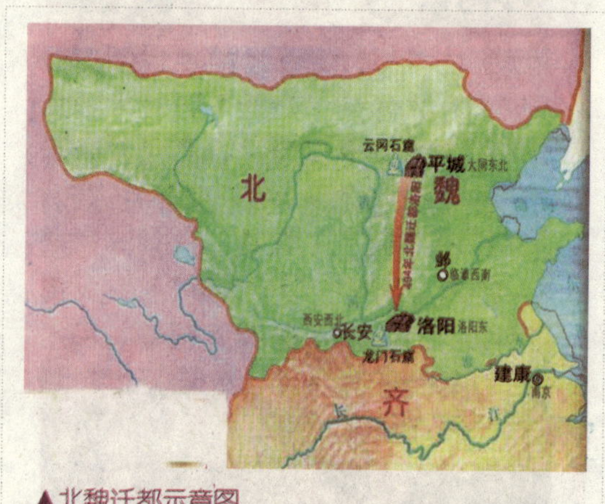

▲北魏迁都示意图

第二年三月，孝文帝巡视到平城，又命文武官员再次讨论迁都的得失利弊，他一一驳回了保守官员的论点。

十月，孝文帝亲自到太庙祭告祖先，命高阳王拓跋雍、将军于烈，恭恭敬敬地捧着皇家神主迁往洛阳。十月十日，孝文帝从平城出发。十一月，孝文帝抵达洛阳。

北魏的分裂

▲北魏胡太后下令建造的天宁寺

北魏末年，各族人民大起义，沉重地打击了北魏王朝的统治。公元500年，孝文帝元宏病死，宣武帝元恪继位，北魏又开始衰落。

公元516年，孝明帝元诩即位，因为年纪太小，由他母亲胡太后临朝听政。

胡太后是个专横奢侈的人，她相信佛教，认为佛法能减轻她的罪，于是动用大量人力物力，开凿石窟，建造佛像。

北魏的皇室贵族纷纷效仿胡太后，互相攀比，穷奢极侈，向百姓穷凶极恶地搜刮。人民忍受不住起来反抗，但最终被镇压了。

此时，北魏内部也发生大乱。胡太后毒死了她的儿子孝明帝元诩，另立孝明帝的堂侄、3岁小儿元钊为帝。

有个部落酋长尔朱荣以替孝明帝报仇为借口，率兵南渡黄河，进攻洛阳。他将胡太后和元钊投入黄河溺死，又杀死王公卿士1000余人，另立元子攸为帝，称为孝庄帝。这次事件史称“河阴之变”。

▶北魏时期的敦煌壁画《供养菩萨》

公元532年，元修即位，是为孝武帝。这时国势日衰。

公元534年，孝武帝元修逃向关中，投靠宇文泰，北魏的实权落在大将高欢和宇文泰手里，孝武帝成了傀儡。

第二年，宇文泰杀了孝武帝，另立元宝炬为帝，是为文帝；高欢另立元善见为帝，是为孝静帝，迁都邺城。从此，北魏就分裂成两个朝廷，历史上把建都在长安的叫西魏，建都在邺城的叫东魏。

梁武帝四次“舍身”

▲梁武帝萧衍是梁朝开国皇帝，也是中国历史上著名的长寿帝王，享年 85 岁（464~549）

南朝的梁武帝是个佛教信徒，他在都城建康建造了一座规模宏大的同泰寺。每天早晚，他都在寺里烧香拜佛，讲解佛法，说这样做是为了替百姓消灾积德。北魏发生内乱以后，南方的梁朝曾经几次起兵北伐。

梁武帝看到宋、齐两个朝代都因为皇族之间互相残杀而发生内乱，就对自己的亲属格外宽容。皇族中有人犯罪，他只是好言好语教训一番，从不办罪。但他对待百姓就完全是另外一套，谁触犯当时的法律，就要严办；如果一个人逃亡，全家人都要罚做苦工。这样，贵族官僚有恃无恐，更加横行不法，有的甚至在大街上公开杀人，都没有人敢干涉。

▲梁武帝四次舍身的同泰寺

梁武帝老年的时候，更是做出一件奇怪而荒唐的事来。

梁武帝到同泰寺“舍身”，也就是要出家做和尚。他做了 4 天和尚，宫里的人把他接回去了。后来他一想，这样做不妥当，因为按当地的风俗，和尚还俗，要出一笔钱向寺院“赎身”。就算是皇帝当了和尚，也不能够例外呀。

第二次，他又到同泰寺舍身，大臣们请他回宫，他就是不答应。后来，大臣们懂得他的意思，就凑了一万万钱到同泰寺，给这位“皇帝和尚”赎身。

第三次，梁武帝又想出个新花样，他到同泰寺舍身的时候，说为了表示他对佛的虔诚，不但把自己的身子舍了，还把他宫里的人和全国土地都舍了。

过了一年，他又舍了一次身，大臣们又花了一万万钱把他赎回来。梁武帝前后做了四次和尚，大臣们一共花了四万万赎身钱。这些钱当然转嫁到老百姓身上去了。

▲梁武帝萧衍修陵石兽

陈霸先居功篡梁

梁敬帝绍泰元年（公元555年），王僧辩受北齐胁迫，迎立投降北齐的贞阳侯萧渊明为帝。陈霸先派使者苦苦劝阻，往返了好几次，王僧辩不听。

八月，有报告说，北齐大军已经抵达寿春，准备进犯梁境。王僧辩派记室江旰通知陈霸先，让他布置防备。陈霸先把江旰扣留在京口，举兵进攻王僧辩。

陈朝开国皇帝——陈霸先

九月二十五日，陈霸先召集部将侯安都等人密谋，定下计策。当天夜里，率领各军出发。知道此行目的的人只有侯安都等4位将领，其他人都以为江旰来征调兵马抵御北齐，所以对军队出发丝毫不感到奇怪。

二十七日，侯安都指挥战船准备进军石头城，陈霸先拉住马不向前走。侯安都大为惊恐，追上陈霸先，骂他说："现在造反已成定局，生死必须作个决断，你留在后面还想什么？如果失败我们都得死，留在后面就能免遭砍头吗？"陈霸先说："侯安都责怪我！"于是进发。

侯安都到了石头城北，放弃舟船上岸。石头城北边接着山丘高陵，不算太险峻。侯安都穿着铠甲，拿着长刀，让士兵把他抬起来扔到城墙里，部众跟随着涌进去，一直闯进王僧辩的卧室。这时，陈霸先的部队也从南门攻了进来。

王僧辩正在处理公事，外面报告说有士兵。过了一会儿，里面也有士兵出来，王僧辩急忙逃走，遇到他的儿子王𬱖，一起跑出去，带领左右侍卫几十人在议事厅前苦战，抵挡不住逃到南门楼上，跪拜请求哀怜。陈霸先要放火烧掉南门楼，王僧辩和王𬱖只好下楼投降。陈霸先说："我有什么过失，你想和北齐军队讨伐我？"又问："你为什么一点也不布置防备？"王僧辩争辩说："派你驻守北门，怎么说没防备？"当天夜里，陈霸先吊死了王僧辩父子。

二十八日，陈霸先写了檄文，列数王僧辩的罪状，布告天下，还说："我要讨伐的只是王僧辩父子兄弟，其余的亲戚党羽全都不加追问。"

二十九日，萧渊明退位，出宫返回自己的府邸。百官上表晋安王萧方智，劝他即位。十月初二，萧方智即皇帝位，是为梁敬帝。

陈武帝永定元年（公元557年）十月初三，梁敬帝封陈霸先为陈王。初六，陈霸先想让梁敬帝将皇位禅让给他，就先派中书舍人刘师知带领宣猛将军沈恪，率领士兵入宫，护送梁敬帝到别宫居住。沈恪推开大门拜见陈王，叩头谢罪说："我曾经侍奉萧氏，今天不忍心见此情形。情愿受死，也决不接受命令！"陈霸先嘉许他的心意，没有再逼他，另派王僧志代替他。

初十，陈霸先在南郊即皇帝位，是为陈武帝。大赦天下，改年号为永定。陈朝建立，封萧方智为江阴王。

陈后主亡国跳井

阎立本所作的隋文帝杨坚像

陈后主祯明二年（公元588年）三月，隋文帝杨坚下诏，陈述陈朝的罪恶，宣布将要对其进行讨伐。又让使者送玺书到陈朝，列举了后主陈叔宝的20条罪状。还下令将诏书抄写30万份，散发到整个江南地区。

十月二十八日，隋文帝祭告太庙，然后任命各路统帅，部署行军路线。共有各路军总管90人，士兵50多万人。

十一月初二，隋文帝亲自为将士饯行。隋师出发后，各路军队推进很快，抵达长江北岸。然而陈叔宝却依然漫不经心，迟迟不派出军队。陈叔宝让朝廷群臣商议对策，由于奸臣阻挠，也一直定不下方案。

陈后主曾经若无其事地对侍卫近臣说："帝王的气数在此地。自立国以来，齐军曾经3次大举进犯，周军也曾经2次大兵压境，但是无不遭到惨重失败。现在隋军来犯又能把我怎么样！"都官尚书孔范附和说："长江是一道天堑，古人认为就是为了隔绝南方和北方。现在敌军难道能飞渡不成！这都是边镇将帅想建立功勋，所以谎报边事紧急。我常常觉得自己官职低下，如果敌军能越过长江，我一定会建功立业，荣升太尉了。"

有人谎报说隋军马匹多死，孔范又口出大言说："这些军马都是我国的马，怎么会死亡呢？"陈后主听后大笑，认为孔范说得很对，所以根本不加以防备，每天奏乐观舞、纵酒宴饮、赋诗取乐不止。

隋开皇九年（公元589年）正月，隋军渡过长江，进逼建康。当时建康还有正式武装的军队10多万人。陈后主一向怯懦，不懂军事，只是不停地哭泣，台城里的安排布置，全都委托给大监军施文庆。

阎立本所作的陈后主叔宝像

施文庆知道众将领都痛恨自己，因此他唯恐他们立功，于是上奏说："这些将领总是不满足，平时就不服从陛下，现在情况紧急，怎么能完全信任他们呢？"因此这些将领凡是有事启奏的，大部分都不被批准。

隋吴州总管贺若弼进攻京口的时候，陈朝都督萧摩诃请求率领军队迎战，陈后主不答应。等贺若弼进军到钟山，萧摩诃又说："贺若弼孤军深入，还没有构筑坚固的营垒，我军出兵袭击，一定可以攻克。"陈后主还是不答应。

▼陈后主时期的陶瓷

陈后主召集萧摩诃、镇东大将军任忠在内殿商议军事。任忠说："兵法有言：到敌人地盘进攻，速战速决最为有利；在自家地盘抵抗，稳重放手最为有利。现在国家兵力粮草都很充足，应该固守台城，沿秦淮河修建栅栏，隋军即使前来进攻，也不要出兵交战。然后分出兵力截断长江水路，让隋军的消息无法传递。陛下再给我1万精兵，金翅战船300艘，顺江而下，直接进攻六合镇。隋朝军队一定以为他们渡过长江的士兵已经被俘虏，气势自然挫败。

"淮南的百姓与我以前就很熟悉，现在听说是我前往，一定会响应服从。再扬言说要进军徐州，截断敌军的退路，那么不用进攻敌人，他们自己也会撤退。等到雨季春水上涨，上游的周罗睺等各路人马一定能顺流而下，赶来增援。这是良策。"陈后主没有听从。

第二天，陈后主忽然说："长期相持不战，让人心烦，让萧摩诃出兵攻打他们。"任忠叩头苦苦请求不要出战。

孔范又上奏说："请求决战，一定为陛下在燕然山刻石记功。"陈后主答应了，对萧摩诃说："你可为我决一死战！"萧摩诃说："从来作战都是为了国家与自己，今天的情况也是为了妻子儿女。"陈后主拿出很多金帛财物犒赏军队。

二十日，陈后主让鲁广达在白土冈布阵，在各路大军的最南边；接下来依次是任忠、樊毅、孔范，萧摩诃的军队在最北边。各路军队南北绵延了20里，首尾之间，进退互相都不能知晓。

◀古胭脂井，传说是陈后主和他的宠妃曾经藏身的地方

隋将贺若弼率领轻骑登上钟山，望见陈朝各路军队，于是奔驰下山，与手下的总管和士兵8000多人，布好军阵等待陈军。

因为陈后主与萧摩诃的妻子私通，所以萧摩诃一开始就没有拼死作战的想法，只有鲁广达率领士兵拼死奋战，抵挡贺若弼的军队。隋军士兵死了273人，隋军撤退了很多次。后来贺若弼的军队放烟火掩护自己，士气重新振作。

陈朝士兵得到隋军的人头，都跑去献给陈后主求取赏赐。贺若弼知道他们骄纵松懈，于是又带领军队进逼孔范。孔范的军队刚一交锋就立刻逃走，陈朝各路大军看见，骑兵、步兵都陷入混乱，溃散不能阻止，死了5000人。

总管员明擒获萧摩诃，押送到贺若弼那里。贺若弼命令拉出去斩首，萧摩诃神色自若。贺若弼于是把他放了，并且以礼相待。

任忠骑马进入建康台城，见了陈后主，告诉他失败的情况，说："陛下自己保重，我是无能为力了！"

陈后主给了他两袋金子，让他再招募人马出战，任忠说："陛下只有准备船只，前往上游会合各路大军，我当以死侍奉护卫。"陈后主听信了他，让他出外布置，命令宫女整理行装等待，等了很久都没有回来，大家都觉得奇怪。当时隋朝韩擒虎率军从新林进军，任忠已经率领几名骑兵到石子冈迎降去了。

任忠领着韩擒虎直接进入朱雀门，一些陈军的士兵想抵抗，任忠挥挥手说："我都投降了，你们还想干什么？"于是全都四下逃走。

陈后主惊慌失措，想要逃走躲起来，尚书仆射袁宪严肃地说："隋军入侵，一定不会冒犯陛下。情况已经这样了，陛下还想到哪里去？请陛下整理衣冠，在正殿端坐，像梁武帝萧衍见侯景一样。"

陈后主不听，下了坐床，说："兵刃底下，不能抵挡，我自有办法！"与十几个宫人走出后堂景阳殿，准备跳到井里，袁宪苦苦劝谏也不听。后阁舍人夏侯公韵用身体挡住井口，陈后主与他争执，争了很久，才得以跳进井里。

过了不久，隋军士兵来了，向井里张望，大声叫喊，没有人答应，准备要扔下石头时才听到叫声，于是用绳子拉上来，还惊讶为什么如此沉重，后来才发现，原来陈后主与张贵妃、孔贵嫔三个人一起被拉了上来。

当时，陈朝宗室王侯在建康城里的有100多人，陈后主担心他们变乱，把他们全都召进宫，命令他们聚集在朝堂，让豫章王陈叔英监视他们，又偷偷地加以戒备。台城失守，他们都出去投降了。

隋文帝不喜华词

▲隋文帝杨坚是隋朝开国皇帝、英明的政治家、军事统帅

隋文帝不喜好华丽的文章，诏令天下公私文书都要写得符合实际情况。泗州刺史司马幼之的文章奏表浮华艳丽，隋文帝把他交付有关部门治罪。

治书侍御史赵郡人李谔也因为当时人们撰写文章，文风崇尚轻薄浮华，而上书说：“以前曹魏的三位君主撰写文章崇尚文词优美华丽，忽略治理万民的大道，喜好雕琢词句的小技。下面纷纷起而仿效，于是形成一种社会风尚。到了东晋、齐、梁朝，这种文风的危害达到了极点。人们热衷于追求新奇，竞逐一字的巧妙，文章连篇累牍，不过是刻划了月升露落的景致；作品积案盈箱，也只是描写了风起云飘的情形。世俗以此而互相标榜，朝廷据此来选拔官吏。以擅长雕虫小技求取功名利禄的道路既然已经开通，人们偏爱华丽崇尚轻浮的文风越发厉害。因此，不论是乡间孩童，还是王公子弟，不是首先学习实用知识而是首先学习如何做五言诗；对于羲皇、虞舜、夏禹的典籍，伊尹、傅说、周公、孔子的学说，不再关心，未曾入耳。把虚诞放纵当作洒脱高雅，把缘情体物当作功勋劳绩，把有德的硕儒看作古朴迂腐之人，把工于词赋之士当成君子大人。所以文笔日益繁盛，而政治日益混乱。这都是由于统治者抛弃了上古圣贤的法式、规则，造作无益于治道的文体来推广使用。如今朝廷虽然颁布了禁绝浮华艳丽文风的诏令，但是我听说一些外州远县，仍然蹈袭前代的坏文风。躬行仁义孝悌者被私门摈落，不加录用；擅长轻薄浮华之雕虫小技者，则被选拔充任官吏，保举荐送朝廷。这都是由于这些地方的刺史、县令没有执行陛下的诏令。请求陛下普遍派人加以调查，送御史台推劾治罪。”

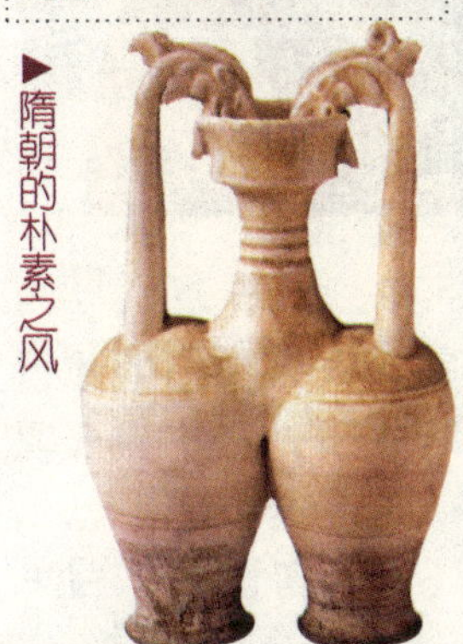

▶隋朝的朴素之风

◀隋朝陶质持杖人物俑

后来李谔又上书说：“有些士大夫炫耀功绩、出身以谋求进身做官，没有廉耻之心，请求明示其罪，加以黜退，以矫正社会风气。”

隋文帝诏令将李谔前后奏章颁布天下。

◀1959年河南省安阳市北郊张盛墓出土的隋朝彩绘伎乐陶俑，当时的朴素之风可见一斑

杨广篡夺皇位

◀弑父杀兄的隋炀帝杨广

当初，独孤皇后去世以后，宣华夫人陈氏、容华夫人蔡氏都受到文帝的宠幸。陈氏是陈宣帝的女儿，蔡氏是丹杨人。

文帝卧病仁寿宫，尚书左仆射杨素、兵部尚书柳述、黄门侍郎元岩都进宫侍候，召皇太子杨广进宫住在大宝殿。

杨广想到皇上万一逝世，必须预先做好防备，他亲自写了一封密函派人送出来询问杨素。杨素把各种情况及要采取的措施一条条写下来回复太子，宫人把回信误送到了文帝的寝宫，文帝看后极为愤怒。

天刚亮，宣华夫人出去上厕所，被太子杨广所逼迫，宣华夫人抗拒他才得以脱身。回到文帝的寝宫，文帝见她神色有些异常，便询问原因，宣华夫人哭着说："太子对我无礼。"文帝听了十分愤怒，捶着床说："这个畜生！怎么可以将国家大事交付给他！独孤误了我！"于是他叫来柳述、元岩说："召见我的儿子！"

柳述等人要叫杨广来，文帝说："是杨勇。"柳述、元岩出了文帝的寝宫，起草敕书。杨素闻知此事，告诉了太子杨广。

杨广假传文帝的旨意，将柳述、元岩逮捕关进大理狱。随后调来东宫的将士守住文帝的寝宫，禁止人们出入，并一律听取宇文述、郭衍的节度；又命令右庶子张衡进入文帝的寝宫侍候文帝，把后宫宫女全部遣出，关在别的房室；不久，文帝驾崩。所以朝廷内外产生了很多不同的议论。

宣华夫人和后宫的妃嫔听到变故，互相对看，恐惧发抖，变了脸色。申时以后，太子派使者送来一个小金盒，并在盒子上下两扇的缝隙处贴上纸条，亲自题字签名赐给宣华夫人。

宣华夫人看了，非常惶恐畏惧，以为是毒药，不敢打开。使者催促才打开，没想到盒子里有几个同心结，宫女都喜悦，彼此说："能够免除死罪了。"

宣华夫人很生气地退坐下来不肯答谢，几个宫女一起强逼她，才拜了使者。当天晚上，太子就去淫辱了宣华夫人。

伊州刺史杨约来朝见，杨广派杨约进入长安，调换了留守者，诈称文帝的诏命，将前太子杨勇赐死，杨勇被勒死。然后陈兵集众，发布文帝去世的凶信。杨广听到杨约的行动后对杨素说："您的弟弟果然能够担当重任。"

过了几天，杨广正式即皇位，他就是隋炀帝。他追封杨勇为房陵王，不给杨勇立继承人。

隋文帝仁寿四年（公元604年）八月初三，文帝的棺材从仁寿宫送至京师。十二日，在大兴前殿为文帝出殡。

隋炀帝游江都

阎立本所作的隋炀帝杨广像

隋炀帝大业元年（公元605年）三月，炀帝下诏说："听取采集百姓的意见，向百姓咨询治国的建议，这样才能够考察到治理国家的得失。我将要巡视淮、海一带，考察民情风俗。"

八月十五日，隋炀帝游幸江都。他从显仁宫出发，王弘派龙舟北上迎接圣驾。十八日，皇上登上小朱航，从漕渠沿洛水入黄河，改乘龙舟。龙舟共4层，高45尺，长200丈。最上层有正殿、内殿、东西朝堂；中间两层共120个房间，都以黄金碧玉装饰；下层是宫内侍臣住的地方。皇后萧氏乘坐的翔螭舟规模稍小一点，但装饰没有差别。另有浮景船3艘，三层，都是水上宫殿。还有漾彩、朱鸟、苍螭、白虎、玄武、飞羽、青凫、陵波、五楼、道场、玄坛、黄篾等共几千艘船，供后宫、诸王、公主、百官、僧尼、道士、蕃客乘坐，并装载朝廷内外百官所用的物品。

举世闻名的京杭大运河，是世界上开凿最早、最长的一条人工河道。连接北京和杭州，为发展南北交通，沟通南北之间经济、文化等方面的联系做出了巨大的贡献

这些船共用拉纤的民夫8万余人，其中漾彩级以上船仅拉纤的就达9000余人，称为殿脚，都身穿锦缎彩布制成的袍服。

又有平乘、青龙、艨艟、艚艟、八棹、艇舸（都是船名）等数千艘，都由12名卫兵乘坐，同时装载兵器帐幕，全由兵士自己挽引，不给脚夫。前后舳舻相接，长达200多里，照耀了整个山川陆地，骑兵在两岸护卫行走，军旗遍布原野。

隋炀帝龙舟模型

只要是隋炀帝所经过的州县，500里以内的地方都命令贡献食物，多的一州甚至用100辆车来载运，极尽水陆的珍奇物品；等到后宫吃腻了，在将要出发的时候，把吃不完的食物都废弃埋藏起来。

夺取洛口仓

《瓦岗英雄》连环画

韦城人翟让是东都的法曹，因为获罪当被斩首。狱吏黄君汉惊奇于他的骁勇，夜里偷偷给翟让打开枷锁，放他出来。翟让拜了两拜，说："我蒙受您的再生之恩，得以幸免，但您自己该怎么办呢？"说完痛哭流泪。黄君汉生气地说："本来以为你是个大丈夫，可以拯救天下百姓才冒死放你出来。你怎么学小儿女的样子流泪感激呢？你自己努力逃脱吧，不要为我担心！"

翟让越狱后逃到瓦岗做盗贼。他的同郡人单雄信，骁勇矫健，擅长骑马用槊，聚集年轻人前去投奔。离狐人徐世勣当年 17 岁，勇敢又有谋略，他劝翟让说："东郡对您与我来说都是乡里，很多人都认识，侵犯抢掠他们不太合适。不如去荥阳、梁郡，汴水从那儿流过，我们抢掠行船，掠夺商旅，足以自给。"翟让同意了，于是率领众人进入荥阳、梁郡的边境，抢掠公私船只，资用充足，归附的人越来越多，达到了 1 万多人。

义宁元年（公元 617 年）二月，瓦岗军首领之一李密向翟让献计："现在东都空虚，守城士兵平时缺乏训练，越王杨侗年幼，留守官员政令不能统一，军民离心。段达、元文都愚昧而无谋略，照我看，他们不是将军的对手。如果将军能采用我的计策，天下挥手之间就可以平定。"翟让依计派遣党羽裴叔方去侦察东都虚实，不料留守东都的官员发觉，于是开始防备，并且驰马送奏表，去东都报告炀帝。

李密对翟让说："局势已经如此，我军不能不发动攻击了。兵法说：'先发者制人，后发者制于人。'如今百姓闹饥荒，洛口仓离东都有 100 多里，仓内积存了大量粮食，如果将军亲率大军轻装前进，突然袭击，他们肯定会因路远无法救援，事先又无防备，取洛口仓就像拾丢在地上的一件东西一样容易，等对方知道消息，我们已经得手了。然后发放粮食以赈济贫苦的百姓，远近之人谁不归附我们呢？百万之众，一个早晨就可以召集到。我们依恃所得的威风，养精蓄锐，以逸待劳。然后传布檄文号召四方响应，结纳豪杰贤士，听取他们的谋略，挑选骁勇强悍的将才，授以兵权，推翻隋朝，颁布将军的政令，这难道不是一件盛举吗？"翟让说："这是英雄的韬略，不是我所能承担的，我只是听命于您，尽力办事，请您先行进发，我做殿后。"

初九，李密、翟让率领精兵 7000 人出阳城北，越过方山，从罗口袭击并攻破了洛口仓，打开粮仓听任百姓取粮，取粮的老弱妇孺，在路上接连不断。

太原起兵

隋炀帝义宁元年（公元617年），突厥进攻马邑郡，晋阳（今山西太原）留守李渊派部将高君雅与马邑太守王仁恭共同抵御，结果吃了败仗。李渊很恐惧，担心炀帝降罪。其子李世民劝李渊说：“如今主上无道，百姓穷困，晋阳城外都成了战场，您如果谨守小节，那样就会下有流寇盗贼，上有严刑峻法，您的危亡随时都会来临。不如顺应民心，兴起义兵，转祸为福，这是天赐良机！”李渊大吃一惊说：“你怎么说这种话，我现在就将你抓起来去报官！”于是拿起纸笔要写奏表。

李世民从容地说：“我观察天时人事已是如此，才敢说这样的话。如果一定要把我抓起来告发，我不怕一死！”李渊说：“我哪里忍心告发你，你要谨慎，不要胡言乱语！”

第二天，李世民又劝李渊说：“如今盗贼一天多似一天，遍布天下，父亲受诏讨贼，贼众哪里能消灭干净！总之，最后还是免不了获罪。而且世人都传言李氏当应验图谶，所以李金才没有任何罪过，却在一天之间被诛灭全族。父亲如果能将贼众完全剿灭，那么功劳特高无法赏赐，您自己会更加危险！只是昨天的话可以免除灾祸，这是万全之策，望父亲不要疑虑。”李渊叹息说：“我一夜都在思考你的话，确实很有道理。今天就是家破人亡也由你，把家变成国也由你了！”

正要起事时，恰好炀帝派使者前来赦免李渊和王仁恭，让他们官复原职，李渊起兵的计划也就暂时缓了下来。

隋炀帝在太原郡有一个离宫叫晋阳宫，晋阳宫的主管官员宫监裴寂和李渊交情很深。裴寂私下用晋阳宫的宫女侍奉李渊，李渊和裴寂一道饮酒，酒酣之时，裴寂从容地说："二公子暗中训练兵马，要起兵举大事，只是因为我私自让宫女侍奉您，恐怕事情败露出来，一起获罪被诛杀，才定下这应急之计。大家已经同心，您意下如何？"李渊说："我儿子确实有这个图谋，事已至此，还有什么办法？只有依从他了。"但当时李渊的儿子李建成、李元吉还在河东，所以李渊一再拖延，没有起兵。

等到刘武周占据了汾阳宫，李世民又劝李渊说："父亲身为留守，而盗贼窃据离宫，如果不早定大计，灾祸今天就要到来了。"于是李渊召集将领僚佐，对他们说："刘武周占据汾阳宫，我们却不能制止，论罪该当灭族，怎么办？"副留守王威等人都很害怕，再三拜谢请求定计。李渊说："朝廷用兵，行止进退都要向上级禀报，受上级控制。如今贼人在数百里之内，江都在3000里之外，加上道路险要，还有别的盗贼盘踞，靠着据城以守和不知变通之兵，以抵抗狡诈与狂奔乱窜之盗贼，必然无法保全。我们现在是进退维谷，怎么办才好呢？"王威等人都说："您又是宗亲又是贤士，同国家命运休戚相关，要是等着奏报，哪里赶得上时机；要是平灭盗贼，专权也是可以的。"李渊佯装不得已而听从的样子，说："既然这样就应当先征集军队。"于是他命令李世民与刘文静、长孙顺德、刘弘基等人各自募兵。远近的百姓投奔汇集，10日之内有近万人应募。李渊秘密派人去河东召回李建成、李元吉。

◀唐高祖李渊像

这时，王威、高君雅看到军队越来越多，对李渊的意图发生怀疑，想利用晋祠祈雨的机会对他采取行动，晋阳乡长刘世龙知道情况后立即向李渊报告。

五月十四日夜，李渊让李世民在晋阳宫城的外面埋伏军队。十五日早晨，李渊和王威、高君雅一起处理政务，让刘文静带开阳府刘政会进来站在厅堂里，说有告密状纸。李渊以目示意王威等接过状纸，刘政会不给，说："告发的就是副留守的事情，只有唐公能看。"李渊假装十分吃惊，说："难道有这样的事！"看那状纸，乃是王威、高君雅暗地与突厥勾结。高君雅挽起袖子大骂道："这是谋反的人想害死我啊！"当时李世民已经在大路上布满了军队，刘文静就和刘弘基、长孙顺德等人一起将王威、高君雅抓起来投进监狱。

十七日，突厥几万兵马侵犯晋阳，其轻骑从外城北门进入，从东门出去。李渊命令裴寂等人率兵防备，而把各城门都打开，突厥人不知虚实，不敢进入。大家都以为确实是王威、高君雅把突厥人引来的，于是李渊将二人处死，悬首示众，宣告起兵。李渊的部将王康达率领1000余人出战，全部战死，城中人心惶惶。李渊在夜里派军队悄悄出城，早晨则张旗鸣鼓从别的道路上开来，好像是援军来到了一样。突厥人始终疑惑，在城外逗留了2天，大肆抢掠而去。

玄武门之变

唐太宗李世民

唐武德九年（公元626年），天下已定，太子李建成、齐王李元吉妒忌秦王李世民的军功，与他之间的嫌隙越来越深。他们与后宫的嫔妃一起，日夜在高祖李渊面前说李世民的坏话，李元吉还劝李渊杀掉李世民。

秦王府中人人自危。李建成和李元吉更是想尽种种办法，或是治罪关押，或是任职外派，或是诬陷驱逐，把李世民身边的人弄走，削弱他的力量。秦王府中，李世民的亲信所剩寥寥无几。

正好突厥入侵，李建成便推荐李元吉，让他代替李世民督率各军北伐。李元吉请求派李世民手下大将尉迟敬德等一起前往。还挑选秦王军中的精锐士兵，充实自己的军队。

李建成见李元吉得到李世民的将兵，让他趁李世民为他饯行时，埋伏武士刺杀李世民。李世民得知后，便与长孙无忌、尉迟敬德、房玄龄、杜如晦等人商议，决定发动事变，诛杀李建成和李元吉。

六月初三，李世民呈上密奏，称李建成和李元吉与后宫嫔妃淫乱，而且说："我没有丝毫对不起哥哥与弟弟的地方，但现在他们却想杀我，像是要为王世充和窦建德报仇。如果我含冤而死，永远离开君亲，魂魄回到地下，实在耻于见那些被我诛杀的贼人！"

李世民为秦王时罗致了四方文士，有杜如晦、房玄龄、陆德明等18人，每日6人值宿，讨论文献，商略古今，号为十八学士

李渊看了奏章，惊愕不已，回复说："明日就调查此事，你应该尽早入朝参见。"

初四，李世民率领长孙无忌等人入朝，在玄武门埋伏士兵。

张婕妤暗中得知了李世民上表的内容，急忙告诉了李建成。李建成把李元吉叫来商量，李元吉说："我们应当控制住东宫与齐王府的军队，借口生病，不去上朝，以观察形势。"李建成说："军队的防备已经很周密，我与你应当入朝参见，亲自询问消息。"于是二人一起入宫，走向玄武门。

当时，高祖已经召见裴寂、萧瑀、陈叔达等人，准备调查这件事了。李建成与李元吉走到临湖殿的时候，察觉到情形不对，立刻调转马头，准备往东返回东宫和齐王府。

李世民从后面叫他们，李元吉拉开弓射李世民，拉了好几次都没有把弓拉满。李世民射李建成，一箭就把他杀了。尉迟敬德带领骑兵一行70人随即赶到。

李世民的坐骑奔入树林，被树枝挂住，倒在地上起不来。李元吉随即赶到，正准备用弓弦把李世民勒死，尉迟敬德骑马赶来呵斥住他。李元吉想逃到武德殿，尉迟敬德追上去把他杀了。

▶大明宫玄武门复原图

车骑将军冯立听说李建成死了，叹息说："怎能活着的时候蒙受别人的恩惠，死了就逃避别人的灾难呢？"就与副护军薛万彻、左车骑谢叔方率领东宫和齐王府的精兵2000人迅速赶往玄武门。

张公谨力气很大，独自关闭城门，冯立等人无法入城。

云麾将军敬君弘掌管宿卫军，驻扎在玄武门，准备出战。亲近的人阻止他说："事态还不清楚，姑且观察形势变化，等卫兵集合，排好阵形再出战，也为时不晚。"敬君弘不听，与中郎将吕世衡大声呼喊着冲上去，全都被杀死。

冯立杀了敬君弘，对手下的人说："这也可以稍稍报答太子了。"于是他脱下战袍，逃奔到野外。

高祖李渊正在海池划船，李世民让尉迟敬德入宫宿卫，尉迟敬德穿着铠甲、手握长矛，直接来到高祖所在的地方。李渊大惊，问他说："今天谁作乱？你到这里来干什么？"

尉迟敬德回答说："秦王因为太子和齐王作乱，举兵诛杀了他们。唯恐惊动了陛下，所以派臣来宿卫。"李渊对裴寂等人说："想不到今天竟然会发生这样的事，该怎么办呢？"

萧瑀和陈叔达说："建成与元吉本来就没有参与反隋的义举，对天下也没有功劳，还嫉妒秦王功高望重，一起策划阴谋。现在秦王已经声讨诛杀了他们，秦王功盖寰宇，天下归心。如果陛下能够立他为太子，委托国家大事，就不会再有什么事情了。"李渊说："好！这也正是我的心愿啊。"

当时，宿卫军、秦王府兵与东宫、齐王府的士兵仍然在交锋，尉迟敬德请求李渊颁布亲笔敕书，命令各军都由秦王处置，李渊答应了。大家听了敕令，都安定下来。李渊又让黄门侍郎裴矩到东宫通报各将士，将士们都放下武器，各自逃散。

初七，李渊立李世民为皇太子，并下诏说："从今往后，军队和国家的事务，不论大小，全都交给太子处置决断，然后再奏报给我。"

八月初八，李渊颁下诏书，将皇位传给太子李世民。李世民再三推辞，李渊不答应。第二天，李世民在东宫显德殿即位，此后开创了令中国人引以为傲的大唐盛世。

玄奘取经

玄奘，原姓陈，名祎，洛州缑氏（今河南偃师）人。玄奘是他出家后的法号。因为他精通印度佛学中的《经藏》、《律藏》和《论藏》，所以也有人叫他唐三藏。

唐朝初年，玄奘到四川研究佛经。那时候，四川比较安定，从各地来了很多有名的高僧。玄奘向他们请教，学问大有长进。他看遍了国内的佛经资料，有不少问题解决不了。于是，他学习梵文，决心到佛教的发源地天竺去学佛经。

▲玄奘出家地——洛阳净土寺

当时中国的西部地区还在突厥的控制之下，唐朝政府严禁百姓私自出境，官府拒绝了玄奘的申请。玄奘没有被困难吓倒，贞观元年（公元 627）年八月，他跟随一些商人由长安出发，踏上了西行的道路。走到甘肃西部，快到玉门关（唐朝边境的最后一道关卡）的时候，玄奘骑的马死了，跟随他的两个小和尚也跑了，后面官府的差役又追了上来，玄奘躲在客店里，不知如何是好。瓜州的州官李昌拿着追捕文书走了进来，问道：“师父就是玄奘吧？”玄奘犹豫了一下，没有回答。李昌说：“师父如说实话，弟子可以给您想个办法。”玄奘见李昌态度诚恳，就说出了自己的法号。李昌赞叹道：“师父决心取经，研究佛法，真了不起，我一定尽力帮助。”说完便撕碎了追捕文书，说：“师父赶快走吧，天黑就出不了关了。”玄奘又惊又喜，赶紧离开客店，奔向玉门关。

▶玄奘像

玄奘只身在沙漠中前进。一天中午，玄奘来到第一座烽火台，他正在喝水，突然飞来一箭。过了一会儿，又是一箭。玄奘急忙朝着烽火台大喊：“我是长安来的和尚，要到西天取经，请你们不要射箭。”守卫烽火台的官兵弄清了玄奘的来历，都很敬佩，送他过了烽火台。到了第四座烽火台，烽官（守卫烽火台的将官）还留他住了一夜，给他准备了干粮和清水，并且嘱咐说：“第五烽烽官很坏，万一被他发现，性命难保，请师父绕道走吧！”

玄奘又继续赶路。在沙漠中，上不见飞鸟，下不见走兽，白天热风如火，晚上寒风似刀。有时候因为气流的急剧变化，会看到幻影，明明望到人群马队，走近了却又什么也没有。沿途到处是人马遗骨，断剑折枪。玄奘走了100多里路，口渴难忍，停下来喝水。不料，在取皮囊的时候，一失手，整个皮囊里的水全洒到了沙漠上。茫茫黄沙，一望无边，到哪里才能找到水呢？玄奘忍着极度的干渴，走了5天，最后昏倒在沙漠中。半夜过后，忽然凉风习习，玄奘才清醒过来。幸好前面有一片绿洲，他才得以脱险。

▶新疆高昌城的玄奘讲经殿

经过半个多月的艰苦行程，玄奘终于走出800里沙漠，来到了高昌国（今新疆境内）。高昌王本是汉人，也是一个佛教徒。他很尊敬玄奘，苦苦请求玄奘留下来，答应给他优厚的酬劳。玄奘说："我远游是为求佛，现在被大王阻留，大王只能留住我的身体，却留不住我的精神。"高昌王还是不让他走，他一连3天不吃不喝。到了第四天，高昌王深受感动，答应送他西行，并且送给他衣物、干粮、挑夫和30匹马，还给沿途各国写信，请他们保护这位远行的高僧。

▶经过整饬的那烂陀寺遗址

此后，玄奘又翻山越岭，整整走了一年，于公元628年夏天到达天竺。

在这里，他看到151尺高的石像和1000尺长的石刻卧佛像；还看到成群的巨象往来运输。他几次横渡恒河，遍访佛教史上的古迹。他访问了伽耶城（今印度比哈尔邦加雅城），那里有一棵5丈多高的菩提树，佛教创始人释迦牟尼曾经在这棵树下苦修。他到了佛经中所说的西天灵山，参观了释迦牟尼说法的地方。这些实地考察，使玄奘对佛经的理解更深入。

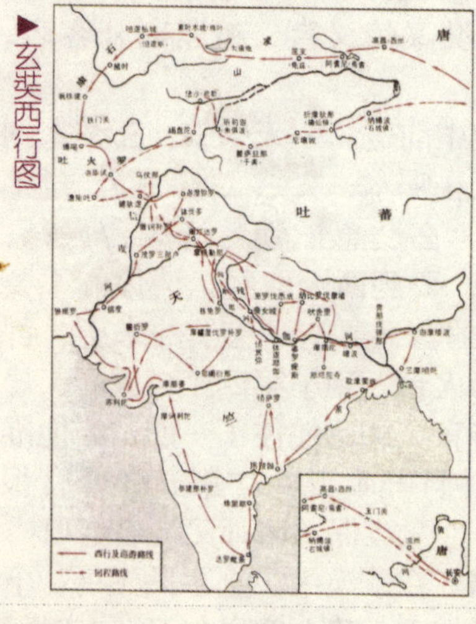

▶玄奘西行图

摩揭陀国（今印度比哈尔邦南部）的那烂陀寺是天竺佛教的最高学府，已经有700多年的历史，常年有僧徒1万多人。玄奘到寺院的那天，1000多和尚捧着香、花迎接来自中国的客人。

那烂陀寺的住持戒贤是个年过百岁的佛教权威，他早已不讲学了，但是为了表示对中国的友好，特地收玄奘为弟子，重开讲坛，用15个月的时间，给玄奘讲了最难懂的佛经。

玄奘夜以继日地钻研佛经，取得了优异的成绩。在那烂陀寺，能通晓 20 部经论的有 1000 人，通晓 30 部的有 500 人，通晓 51 部的只有 10 人，玄奘就是这 10 人中的一个。但是他并不满足。10 年中，他在天竺到处求教，终于像戒贤一样，通晓了全部经论的奥妙。玄奘博学的声誉传遍整个天竺。

公元 641 年，玄奘路经曲女城（今印度恒河西岸之勒克），受到戒日王的欢迎。戒日王是个狂热的佛教徒，他决定在曲女城举行盛大的法会，公开辩论。

辩论大会举行的时候，戒日王邀请玄奘为论主。出席会议的有天竺十八国的国王和 6000 多位著名的教徒。玄奘坐在为他专设的珠宝床上讲法。他举出许多例子，反复论证他的观点，听讲的人没有一个不佩服的。散会那天，各国国王拿出许多金钱送给玄奘。玄奘分文不要，全部送给了贫苦的百姓。

戒日王一再诚恳地挽留玄奘留在印度，还有一位国王甚至表示，只要玄奘肯留下来，愿意为他造 100 所寺院。但是，玄奘怀念阔别 10 多年的祖国，他决心回国。临走的那天，戒日王以及当地的印度朋友，挥泪送了他几十里路。

◀置有玄奘头顶骨舍利子的佛塔，现安放在西安大雁塔内

◀兴教寺内玄奘法师灵骨塔

公元 645 年初，玄奘带着 657 部佛教书籍，经由西域回到了唐朝的都城长安。这时候，距离他从长安出发已经整整 18 年了。

玄奘当年出国是违犯禁令偷偷出去的，现在，唐太宗知道了他的全部情况，很佩服他的顽强精神，特地派房玄龄去长安城外迎接他。

玄奘朝见唐太宗，介绍了他旅途的所见所闻和西域、天竺各国的风土人情。唐太宗听得津津有味。他劝玄奘还俗，帮助他治理国政，玄奘婉言谢绝了。

不久，玄奘开始了翻译佛经的工作。他每天五更起床，三更才睡。19 年间，共译出 74 部佛经，计 1335 卷，1300 多万字。他的译文流畅优美，忠于原意，有些专用名词，例如“印度”，就是他翻译的时候确定下来的。

长期艰苦的翻译工作耗尽了玄奘的精力，唐高宗麟德元年（公元 664 年）二月，这位伟大的旅行家和杰出的翻译家去世，葬于长安兴教寺（今陕西西安南郊）。

文成公主入藏

▶与汉族交好的松赞干布金身塑像

正当唐朝繁荣发展的时候，在西部边境，一个少数民族的王朝吐蕃日益壮大起来。吐蕃人是藏族的祖先，生活在青藏高原上，过着农耕和游牧的生活。吐蕃人勇敢善战，他们认为战死是光荣的，谁要是临阵逃跑，大家就拿一个狐狸尾巴挂在他的帽子上，嘲笑他像狐狸一样胆小。吐蕃人的首领称为“赞普”，意思是雄壮强悍的男子。

大约在公元620年，吐蕃赞普松赞干布的父亲统一了西藏各个部落。不到10年，他就被有野心的大贵族毒死了，吐蕃发生了内乱。松赞干布当时年纪还小，他依靠中小贵族平定了叛乱，维护了吐蕃王朝的统一。做了赞普后，松赞干布把都城迁到逻些（今西藏拉萨），制定了官制和法律，建立了强大的奴隶制政权。

这时候，正是唐太宗贞观年间。松赞干布非常羡慕唐朝的文化，要和唐朝建立友好关系。公元634年，他第一次派遣使臣前往长安访问。唐太宗很快就派使臣回访。从此，汉藏两族的关系越来越密切。

不久，松赞干布派使臣带着丰盛的礼物到唐朝向皇室求婚。唐太宗没有同意。使臣回到吐蕃，怕受到惩罚，编了一通假话，说：“刚到唐朝的时候，他们对我的欢迎非常隆重，同意将公主嫁给大王。后来吐谷浑王也来求婚，唐朝天子又不同意了。看来一定是吐谷浑王在中间说了坏话。”松赞干布听了非常生气，马上发兵攻打吐谷浑。

▶松赞干布画传

吐谷浑力量很小，根本不是吐蕃的对手。刚一交锋，就被打败了。于是，松赞干布又派使臣带着厚礼去长安，并且扬言：“我们是来接公主的，如果不把公主嫁给我们赞普，我们的军队随后就到！”

唐太宗派吏部尚书侯君集带兵讨伐吐蕃。松赞干布骄傲轻敌，结果被打得大败，收兵退回逻些。

松赞干布看到唐朝这样强大，既害怕又佩服。公元640年，他派大相（相当宰相）禄东赞带着黄金5000两、珍宝数百件，再一次去长安求婚。

传说当时到长安求婚的有5个国家的使臣，他们都带着贵重的礼物，想要娶唐朝的公主。究竟把公主嫁给谁呢？唐太宗决定出几道难题，考一考这些使臣，看谁聪明能干，再做决定。

唐太宗把各位使臣请到宫里，拿出一颗九曲明珠和一束丝线，对他们说："你们当中谁能把丝线穿过明珠中间的孔，就将公主嫁给谁的国王。"原来，这颗明珠有两个相通的珠孔，一个在旁边，一个在正中。中间的孔道弯弯曲曲，所以叫九曲明珠。要想用一根软软的丝线穿过去，非常困难。几位使臣拿着丝线直发愁。禄东赞很快就想出一个办法，他找到一只蚂蚁，用一条马尾鬃拴在蚂蚁的腰上，把蚂蚁放到九曲明珠的孔内，然后不断向孔里吹气。一会儿，这只蚂蚁便拖着马尾鬃从另一端的孔中钻了出来。禄东赞再把丝线接在马尾鬃上，轻轻一拉，丝线就穿过了九曲明珠。唐太宗见禄东赞这样聪明，十分高兴。

▼阎立本的《步辇图》描绘了贞观十五年（公元 641 年）唐太宗接见来迎文成公主入藏的吐蕃使者禄东赞时的情景

接着，唐太宗又出了第二道难题。他让人把使臣们带到御马场。御马场左右两个大圈，一边是 100 匹母马，一边是 100 匹马驹。唐太宗要求使臣把它们的母子关系辨认出来。其他几个使臣束手无策，只有禄东赞想出了办法。他运用吐蕃人民在游牧方面的丰富经验，让人暂时不给马驹吃草和饮水。过了一天，他把母马和马驹同时放了出来。只见母马嘶叫，马驹哀鸣，小马驹个个跑向自己的母亲去吃奶，它们的母子关系就这样被禄东赞辨认出来了。禄东赞说："马的母子关系已经辨清，请陛下将公主嫁给我们的赞普。"唐太宗说："还要再考一次，然后决定。"

当天夜里，宫里钟鼓齐鸣，唐太宗传召各国使臣入宫。其他几位使臣急忙穿戴整齐赶到宫里。只有禄东赞想得周到，他因为初来长安，路途不熟，怕回来的时候找不到路，就让随从带着红颜料，在去皇宫途中的十字路口都做了记号。原来唐太宗是请各国使臣到宫里看戏。看完戏，唐太宗说："你们各寻归路吧，谁能最先回到住处，就把公主许给谁的国王。"禄东赞因有记号指引，很快就回到了住处。其他使臣由于不熟悉路途，摸来摸去，直到天亮后才找到住处。

▼嫁入吐蕃的文成公主

经过几次考试，禄东赞取得了胜利。唐太宗非常高兴，心想：松赞干布的一个臣子都这样聪明、机智，松赞干布自己就更不用说了。于是，决定将文成公主嫁给吐蕃赞普松赞干布。

文成公主是唐朝皇族的女儿，她聪明、美丽，饱读诗书，才华横溢。唐太宗为她准备了丰厚的嫁妆，其中有各种各样的日用器具、珠宝、绫罗、衣服，还有历史、文学书籍以及谷物种子等。

公元 641 年，唐太宗派礼部尚书、江夏王李道宗护送文成公主入藏。

文成公主带着宫女、乐队、工匠、官吏和江夏王的卫队，浩浩荡荡向吐蕃行进。松赞干布亲自带领大队人马迎接。在逻些，吐蕃人民穿着节日的服装，热烈欢迎远道而来的赞蒙（藏语王后的意思）。松赞干布高兴地说："我的先辈没有和上国通婚的，今天我能娶到大唐公主，实在荣幸。我要为公主建一座城，作为纪念，让子孙万代都知道。"他按照唐朝建筑的风格，在逻些为文成公主修建了城郭和宫室。

文成公主入藏的时候，带去了许多经书、诗书、佛经、佛像和有关医药、生产、工艺等方面的书籍，还带去了大量的粮食、蔬菜种子和生产工具。那时候，吐蕃没有历法，以麦熟为一年，文成公主帮助吐蕃人推行历法。她还教吐蕃妇女纺织、刺绣。她带去的水磨深受吐蕃人民的欢迎，使他们学会了利用水力资源。

文成公主信奉佛教，松赞干布在她的影响下提倡佛教，修建了大昭寺，把公主带来的释迦牟尼像供奉在寺里。文成公主带去的乐队，大大丰富了藏族的音乐。

▶拉萨的布达拉宫（上）和大昭寺（中），其中大昭寺是为文成公主修建的 ▶大昭寺广场

当时，松赞干布不断派贵族子弟到长安去求学，唐朝许多有学问的人也被聘请到吐蕃掌管文书。唐朝还给吐蕃送去蚕种，派去养蚕、酿酒、制碾磨和造纸墨的工匠。先进的汉族文化传入吐蕃，对吐蕃的农业生产和文化的发展起了很大的促进作用。

唐太宗去世以后，唐朝和吐蕃继续保持着频繁的来往和密切的关系。

公元 680 年，文成公主去世，她在吐蕃总共生活了 40 年。吐蕃人民为了纪念她，特地规定了两个纪念日：一个是 10 月 15 日，据说是文成公主的生日。这一天，吐蕃境内男女老少都到寺庙里祈福；另一个是 5 月 7 日，女孩子们化妆跳舞，歌唱文成公主的事迹。直到现在，拉萨市的布达拉宫和大昭寺里，还供奉着松赞干布和文成公主的塑像，在布达拉宫里还保存着他们结婚洞房的遗迹。

文成公主为汉藏两族的友谊做出了贡献，一直受到藏族人民的怀念和称赞。

徐敬业起兵反武后

▲西施故里的中国历代名媛馆内的武则天蜡像

武氏亲属掌权后，唐皇族人人自危，大家心中悲愤惋惜。正好眉州刺史英公徐敬业和他弟弟盩厔令徐敬猷、给事中唐之奇、长安主簿骆宾王、詹事司直杜求仁都因事获罪，徐敬业被降职为柳州司马，徐敬猷被免官，唐之奇被降职为括苍令，骆宾王被降职为临海丞，杜求仁被降职为黟县令。盩厔令尉魏思温曾任御史，再次被罢黜。他们都聚会于扬州，各自因失去官职心怀不满，便密谋作乱，以挽救恢复庐陵王的帝位为借口。

魏思温充当谋主，指使他的党羽监察御史薛仲璋要求奉命出使江都，然后让雍州人韦超到薛仲璋处报告，说“扬州长史陈敬之阴谋造反”。薛仲璋将陈敬之逮捕入狱。

数日后，徐敬业乘驿车到达，伪称自己是扬州司马前来赴任，说：“奉太后密旨，因高州酋长冯子猷谋反，要发兵讨伐。”

于是开府库，命扬州士曹参军李宗臣到铸钱工场，驱赶囚徒、工匠，发给他们盔甲。将陈敬之在监狱斩首；录事参军孙处行抗拒，也被斩首示众，扬州官吏再没有敢反抗的。

于是征发一州的兵马，又使用中宗的年号嗣圣元年。设置3个府署：第一个称为匡复府，第二个叫英公府，第三个叫扬州大都督府。徐敬业自称匡复府上将，领扬州大都督。任命唐之奇、杜求仁为左、右长史，李宗臣、薛仲璋为左、右司马，魏思温为军师，骆宾王为记室，十几天便聚集士兵10余万人。

徐敬业在扬州起兵反武后，往各州县散发檄文。大略说：“非法垂帘听政的武则天这个人，本性并不温和恭顺，出身也实在贫寒低贱。以前充当过太宗的婢妾，曾经靠替先帝更衣的机会入侍先帝。到了太宗晚年，与太子私通。暗中隐藏当过太宗才人的秘密，图谋高宗后宫的宠爱；窃取了皇后的冠服，使国君处于乱伦非礼的境地。”

◀唐朝张萱的《武后行从图》

又说：“杀死兄姊、害死国君、毒死母亲，所作所为是人神共愤的，也是天地所不能容忍的。”

太后看到檄文，问道：“谁写的?”有人回答说：“是骆宾王。”

太后说：“这是宰相的过错。此人有这么好的才华，怎么可以让他沦落不得志呢!”

后来，徐敬业、徐敬猷和骆宾王都被部将所杀。

武则天任用酷吏

武则天深知自己长期专权，在宫内的行为也不端正，宗室大臣们必生怨恨，心里不服。自从徐敬业造反后，武则天更是怀疑天下人多半想谋害自己，便想以大肆诛杀来威慑他们，于是大开告密的渠道。

有告密的人，官吏不得询问，都给他们提供驿马，供应五品官标准的食物，使他们能去武则天所在的地方。即使是农夫或者打柴的人，也都能得到召见，并由客馆供给食宿。所说的如果符合旨意，就能被破格授予官职；与事实不符的，也不问罪。于是四方告密的人蜂拥而起，人们小心翼翼，唯恐哪儿做得不对，被人抓住把柄。

有一个叫索元礼的胡人，通过告密，获武则天召见，被提升为游击将军，负责审查监狱里的案件。

索元礼性情残忍，审讯两个人，一定会牵连出几十人甚至上百人。武则天多次召见，给他赏赐。于是尚书都事长安人周兴、万年人来俊臣之流纷纷效仿。周兴接连升官，做到侍郎，来俊臣升官到御史中丞。他们勾结在一起，私下蓄养无赖几百人，专门从事告密活动。

▶武则天画像

武则天接到告密，就派索元礼等人审讯。他们争相发明刑讯用的残酷办法。如用椽子串连人的手脚，再朝一个方向旋转，叫做“凤凰晒翅”；用东西固定人的腰部，将脖子上的枷向前拉，叫做“驴驹拔橛”；或让人跪在地上捧枷，在枷上垒瓦，叫做“仙人献果”；或让人立在高木台上，从后面拉住脖子上的枷，叫做“玉女登梯”；或将人倒吊，在脑袋上挂石头；或用醋灌鼻孔；或用铁圈套住脑袋，在脑袋与铁圈之间钉楔子，甚至到脑袋裂开，脑浆迸流。

每次有囚犯来，就先陈列刑具让他们看。囚犯们看了，都两腿发抖，冷汗直冒，即使是清白的人，也马上就认罪了。每次有赦令来，来俊臣总是命令狱卒先杀死重犯，然后宣布赦令。武则天认为他们忠心耿耿，更加宠信。朝廷内外畏惧这几个人，远远超过虎狼。

天授二年（公元691年），当时武则天已经称帝，有人告发周兴谋反，武则天派来俊臣审讯他。来俊臣与周兴一起边吃饭边讨论事情，来俊臣对周兴说：“囚犯多数不肯认罪，应当用什么办法呢?”周兴说：“这太容易了，拿一口大瓮，用炭火在四周烤，逼囚犯进去，还有什么事情不肯承认?”于是来俊臣要了一口大瓮，按周兴说的办法，在四周堆上火烤，然后站起来对周兴说：“有宫里的文书，要审问老兄，请君入瓮!”周兴惶恐万分，马上叩头认罪。

神功元年（公元697年）六月，来俊臣诬告监察御史李昭德谋反，李昭德被判处死刑。而此时，来俊臣自己也因为得罪武氏诸王及太平公主，被关进监狱，判处死刑。李昭德、来俊臣一起被斩首。当时的人对于处死李昭德都很痛惜，而为处死来俊臣拍手称快。老百姓在路上相见时，都互相庆贺：“从今往后，可以安心睡觉，背脊可以贴在席子上了。”

韦后乱政

唐朝是李家的天下，按照封建社会的规矩，只有和皇帝同姓的人才能封王。可是，唐中宗复位以后，立妃子韦氏为皇后，追封皇后的父亲韦玄贞为王。左拾遗贾虚己反对说："异姓不王，古来如此，陛下刚刚复位，就大封后族（皇后的家族），天下会失望的。"唐中宗不理睬。

原来，唐中宗被武则天放逐到房州（今湖北房县一带）的时候，只有韦氏陪伴着他，两人尝尽了人世的艰难。每当听说武则天派使臣来了，唐中宗就吓得想自杀，韦氏总是安慰他说："祸福无常，不一定是赐死，何必这样惧怕呢?"多亏韦氏在患难中的帮助，唐中宗才活了下来，所以他和韦后的感情特别好。

唐中宗还曾经对韦氏发誓："有朝一日，重登帝位，一定满足你的一切愿望。"如今他当上了皇帝，就想实践自己的誓言，一切都按照韦后的愿望办。这样一来，韦后也学起武则天来，干预朝政。但是唐中宗比唐高宗更昏庸，韦后远没有武则天那样的政治才能，所以唐朝的政局又开始动荡起来。

那时候，武则天虽然死了，武三思仍然很有势力。韦后最宠爱的小女儿安乐公主嫁给了武三思的儿子武崇训，两家成了儿女亲家，关系十分密切。时间一长，武三思和韦后就勾结在一起了。

◀郁郁不得志的唐中宗

唐中宗对韦后言听计从。他见韦后信任武三思，自己遇到什么重大的事，也找武三思商量，还听从韦后的意见，任命武三思当了宰相。武三思依靠韦后，比武则天当权的时候还要威风。

张柬之见形势不妙，就劝唐中宗除掉武三思，削弱武氏的权力。可是，木已成舟，武三思已经深得唐中宗的信任。每次武三思入宫和韦后下棋，中宗总是站在一旁观战。武三思一两天不进宫，中宗就亲自去看望他，君臣二人已经是形影不离了。

武三思知道了张柬之想要加害于他，忙去找韦后商量对付的办法。韦后和武三思一起，到中宗那里攻击张柬之、敬晖、袁恕己、崔玄時、桓彦范5位大臣，说他们“恃功专权，图谋不轨”。昏庸的唐中宗信以为真，忙问：“这如何是好?”武三思把他和韦后策划好的主意说了一遍，要唐中宗晋升张柬之等5位大臣为王。唐中宗不明白其中的奥妙，问：“封他们做王，不是更难控制了吗?”武三思说：“这叫明升暗降，实际上夺了他们的权。”唐中宗依照他的意见办了，封张柬之为汉阳王、敬晖为平阳王、袁恕己为南阳王、崔玄時为博陵王、桓彦范为扶阳王。果然，5位大臣做了王，反而不能再参与朝政，大权都掌握在了武三思手中。

武三思把持了大权，把反对武氏的统统赶走，被张柬之罢官的一律复职，接着又诬陷五王诋毁韦后。唐中宗下令把五王流放到边疆去。武三思派刺客在途中把他们全部杀死了。

武三思、韦后除掉心腹之患，气焰更加嚣张。武三思得意忘形地说：“我不知道什么叫好人，什么叫坏人，凡是对我好的就是好人，凡是对我不好的就是坏人。”一时间，趋炎附势的小人全都集中到武三思身边。

安乐公主野心勃勃，一心想做第二个武则天。她对唐中宗立卫王李重俊做太子很不满意，因为李重俊不是韦后的亲生儿子。她想以皇后亲生女儿的资格做皇太女。

安乐公主在宫中飞扬跋扈，为所欲为，甚至自己写了制书（皇帝的诏书），掩盖起正文，拿去让中宗盖印，唐中宗竟然看都不看，就盖了印。

安乐公主请求中宗立她做皇太女，废掉皇太子。宰相魏元忠不同意。安乐公主大骂：“魏元忠这个山东傻瓜，懂得什么！阿母子（这是宫里人对武则天的称呼）还可以做天子，天子的女儿就不可以做天子吗?”

安乐公主一心要学武则天，朝思暮想当女皇，因此把李重俊看成眼中钉。

李重俊感到自己的地位受到越来越大的威胁，就暗中和左羽林大将军（羽林是皇帝的护卫部队，分左、右两营）李多祚约定起兵。

公元707年，李多祚带领士兵300多人，杀入武三思家里。武三思、武崇训正在饮酒作乐，羽林军一拥而人，李重俊亲手杀了武三思父子。

随后，李重俊又带兵打入宫中，唐中宗慌忙带着韦后和安乐公主登上玄武门楼躲避。右羽林大将军刘景仁保卫着门楼。双方交战中，因为众寡悬殊，李重俊、李多祚都被杀死了。

平定了李重俊之后，韦后和安乐公主更加肆无忌惮了。她们先诬陷宰相魏元忠“与太子通牒”，把魏元忠赶走。接着又大卖官爵，不论什么人，只要出钱就给官做，出钱越多，官职越高。官员数量成倍增加。这些官员都坐享俸禄，老百姓的负担却更加沉重了。

公元710年，许州司兵参军燕钦融上书，指责韦后生活淫乱，干预国政，阴谋篡权。唐中宗召见燕钦融，当廷对质。燕钦融慷慨激昂，说得有根有据。唐中宗低下头来，没有话说。韦后指使她的心腹、兵部尚书宗楚客把燕钦融举起来摔在大殿下，当场摔死。唐中宗心里很难过，脸色十分难看。韦后开始有些害怕了。

韦后把她的心腹找来商量对策。安乐公主正愁当不上皇太女，就鼓动韦后称帝，自己好当皇太女。母女二人合谋要毒死唐中宗。

一天，唐中宗正在审阅奏章，来不及吃饭，韦后让宫女送去蒸饼。唐中宗边看奏章边吃，没等吃完，便倒在地上死了。

韦后毒死唐中宗，把消息封锁起来，密不发丧，然后召集韦家子弟和她的亲信，带兵5万人守卫京城，掌握了朝政大权。

李隆基诛韦后

唐睿宗景云元年（公元710年），唐中宗被毒死，韦后专权，相王李旦的儿子临淄王李隆基在京城秘密召集一些有勇有谋的壮士，做推翻韦太后、维护李氏王朝的准备。

当初，唐太宗选拔了一批勇士跟随他打猎，称做“百骑”；武则天时扩大为千骑，隶属左右羽林军；中宗时这支队伍称为万骑。李隆基结交了万骑中的不少豪杰。这时刚好有兵部侍郎崔日用来告发韦太后一伙的阴谋。李隆基与太平公主及其子卫尉卿薛崇暕、心腹钟绍京、刘幽求等人筹划起兵方案。

韦播等韦氏党羽接管羽林军后，多次毒打万骑兵士来树自己的威望，万骑人人怨恨。果毅（唐朝统府兵之官）葛福顺、陈玄礼到李隆基处诉苦，李隆基暗示他们杀掉这些韦党，万骑兵士听了都很振奋，表示听从李隆基指挥。

有人劝李隆基应禀告相王，李隆基说：“我们这些人为了江山社稷准备以身殉国，大事成功了，江山归于相王；不能成功，我等慷慨去死，不连累相王。如果事先告诉他，他同意了，就卷进了这个危险的行动；不同意，将影响我们的计划。”所以，整个计划始终未让相王知道。

◀唐玄宗李隆基

过了几日，李隆基身穿便服与刘幽求等人进入禁苑之中，会见钟绍京。钟绍京连忙出去拜见李隆基，李隆基立即搀扶他起来，坐下议事。当时，羽林兵将都驻扎在玄武门。当夜幕降临，葛福顺等到李隆基处听候调遣。更敲二鼓，葛福顺拔剑冲入羽林军营房，杀死韦播、高嵩等韦后党羽，对众将士说：“韦后毒死先帝，篡夺皇位，今天我们应当去杀掉韦氏一族。谁敢帮助逆党，心怀不轨，灭他三族！”羽林兵将士都欣然听从命令。他们将韦播等人的头送给李隆基看，李隆基用火把一照，果然不错，便与刘幽求等出了禁苑南门。钟绍京也带200多个工匠，拿了刀斧助战。羽林军齐声呐喊，杀死玄德门、白兽门的守将，冲进内宫。李隆基带兵守在玄武门外，三更天时，听到内宫鼓噪声一片，知道里面已动手，便和钟绍京带了人马进入。在太极殿护卫唐中宗灵柩的羽林军听到喊杀声，也披上铠甲响应。韦后听到兵变消息，急忙逃进飞骑营，被飞骑营将士杀死，飞骑兵砍了韦后的头献给李隆基。安乐公主正在对镜描眉，也被军士刀斩了。她后来的丈夫武延秀在肃章门外被杀死。

当时韦后立的少帝在太极殿，刘幽求说：“人家约好的今晚拥戴相王做皇帝，为什么不早点定下来？”李隆基急忙制止了他，催促大家尽快搜捕韦后的党羽。到天亮，内外都已平定，李隆基带领大家见相王，叩头请相王原谅他没有事先告知起兵之罪。相王抱住儿子，流泪说：“李氏宗庙江山全靠你之力啊！”大家一起迎接相王辅助少帝。

开元盛世

唐玄宗李隆基于公元 712 年即位，“开元”是唐玄宗前期的年号。在当政早期，玄宗大力改革，除旧布新，终于基本上革除了武则天统治晚期以来的积弊，而且使得国泰民安，民富国强，经济发达，文化昌盛。历史上将这一繁荣时期称为“开元盛世”。

唐玄宗认为，善于用人是处理国事的关键。因此，他广开言路，勇于纳谏，任人唯贤，真正做到了亲君子而远小人。

◀与姚崇齐名的宋璟

在开元年间（公元 713 年～公元 714 年），有姚崇、宋璟、韩休、张九龄等名相陪伴在左右，替唐玄宗出谋划策，全力帮助他处理政事，巩固政权。尤其是姚崇，他的一些政治观点被唐玄宗采用，成为开元时期施政方针的基础。

这些人有一个共同的特点，就是都敢说真话，只不过有的说得委婉些，有的则直来直去，毫不客气。韩休就是这么一个“炮筒子”，他不管唐玄宗受不受得了，非得把道理说通不可。不过这些都是逆耳忠言，唐玄宗也拿他没办法。

◀被称为『救时宰相』的姚崇

唐玄宗不但擅于使用京官，而且还重视对地方官员素质的培养，这与以前唐朝皇帝重京官、轻外任的做法不同。由于以前的地方吏治混乱，致使大多地方官员水平很差，而且贪污腐败，走后门的现象极为严重。因此，唐玄宗即位时，把新上任的县令 200 人重新召集到大殿上，亲自出题考试，谁知只有一人合格。唐玄宗气愤异常，将不及格者革职，让他们重新学习，连主考官也因此降了职。唐玄宗还建立了对地方官员的考核制，对他们的工作定期进行考察，按优劣分为五等，作为其官职升降的标准。关于走后门的现象，唐玄宗直接下令，不准朝廷官员的子弟凭借家族关系当官，对于那些年少不懂事的朝官后代更是不准授予地方官职。

◀唐代名相张九龄

在封建社会，皇帝与皇亲国戚之间的关系是最难处的，因为在这一方面，对权力的欲望总是大大压过了亲情。有多少历史上的明君也未处理好这层关系，而导致弑父、弑兄的惨剧发生。

唐玄宗在这一方面则棋高一筹，公私分明，而且是比较有特色的。唐玄宗兄弟很多，在身边的就有 5 个，俗称“五王”。在位的皇帝最怕被人篡权，尤其怕自己的兄弟篡夺皇位，唐玄宗也不例外。但他

◀现藏于美国纽约大都会博物馆的唐代画家韩幹的作品『照夜白』，图中即是唐玄宗李隆基的心爱坐骑

却没有像别的皇帝那样，将自己的兄弟视为冤家对头而时刻防范。玄宗并不认为五王有篡位的野心，而是怕他们被别有用心的人利用。因此，他一方面不让兄弟们涉足政事，避免他们与京官交往过多，另一方面却对他们加倍体贴，照顾入微，深厚的手足之情让人艳羡，有些事连普通人都是很难做到的。有一次，唐玄宗的一个兄弟薛王李业得病，唐玄宗便茶不思，饭不想，愁容满面。为了尽快治好他的病，唐玄宗还亲自给他熬药，可是不小心烧着了自己的胡子，周围的人吓得赶紧去拉他，被唐玄宗制止，还说："只要我兄弟吃了这副药能痊愈，我丢掉点儿胡子怕什么！"

但是，只要有危及他统治的事情发生或是其他不法行为，即便是他的亲戚，唐玄宗也不会放过。有一次，唐玄宗病倒了，他的弟弟薛王的小舅子在背地里与一个官员议论了一番，过后被知道了，他毫不客气地将他打死，事后还请薛王吃饭，为他压惊。

公元716年，皇后的妹夫长孙昕因与一名朝官李杰不和，于是将他痛打了一番。唐玄宗知道后，勃然大怒，杖杀了皇后的妹夫，并下了敕书，向李杰赔礼道歉。为了告诫其他皇亲国戚，让他们奉公守法，唐玄宗规定皇室子弟犯法与庶民同罪。

唐玄宗运用这种软硬兼施、赏罚分明的办法，不但处理好了皇族内部的关系，稳定了自己的政权，而且还笼络了一批忠心赤胆、才能非凡的官员，保证了以后他政令的顺利执行，为早期的改革奠定了基础，创造了条件。

针对武则天统治后期以来官员们奢靡成性、贪图享乐的弊端，唐玄宗大力提倡节俭之风。他以身作则，令有关部门销毁了宫中多余的轿子、服饰，将金银珠宝等物交公，提供军国之用。另外，唐玄宗还下了一道《出宫人诏》，不再选拔民女入宫，而且还选择了一部分妃嫔以下的宫女，用牛车送她们回家。

为了更好地禁奢倡俭，唐玄宗还给官员们规定了服饰制度，即三品以上的官才能佩带玉器，四品官用金，五品官用银，其余官员则禁止佩带这种饰物。

唐玄宗提倡节俭，也喜欢勤俭节约之人，他在位前期提拔了大量的清廉之士。这些人虽然才能不是太出众，但由于俭素，也能当上大官。当时的宰相卢怀慎就是这么一个人，他与姚崇同时任相。由于他遇事优柔寡断，才气也略逊一筹，因此有人叫他"伴食宰相"。那么李隆基怎么会用这种人当宰相呢？原因就是他为官廉洁，两袖清风，从来不穿锦绣衣服，不戴金银饰物，家中几乎一贫如洗，连住的房子也是不能遮避风雨。李隆基提拔他当宰相，就是为了给百官树立一个榜样。

唐玄宗立志节俭，又知错善改，身体力行，所以全国上上下下都能禁抑奢靡，这样为国家节约了大量的财富，保证了经济的发展和人民的富足，也稳定了政局。

唐玄宗十分关心百姓疾苦。他刚即位不久，河南一带发生了一次特大蝗灾。蝗虫所到之处，遮天蔽日，庄稼片刻即被吃得精光。这样下去，百姓迟早会被饿死。但是当时迷信的地方官员只知道烧香求神以消灾祸。宰相姚崇主张科学灭煌，唐玄宗积极支持他，同时派使者到各州县了解捕蝗情况，督促地方官员灭蝗救灾。这样，尽管灾情严重，但由于挽救及时，百姓倒也没有饿死的现象发生。

封建社会，农业是根本，因此，唐玄宗极为重视发展农业生产。他为了扩大生产，积极整顿边防，扩充屯田。为了农业灌溉的需要，唐玄宗在开元年间大兴水利工程。另外，为了增加农业劳动力，他还下诏令 12000 多名僧尼还俗。

这些政策都大大促进了农业生产，从而也带动了手工业、商业、交通、城市经济的繁荣以及文化事业的蓬勃发展。致使在整个开元时期，唐朝国力强盛、财政充裕，各州县也堆粮如山，多得无法称量，长安和洛阳的生活用品也降了价，真正是一个夜不闭户、路不拾遗的时代。难怪亲身经历了开元盛世的大诗人杜甫能写出《忆昔》这样衷心赞美盛世的诗篇：

忆昔开元全盛日，小邑犹藏万家室。稻米流脂粟米白，公私仓禀俱丰实。

三千宠爱于一身

天宝三年（公元744年），武惠妃薨，玄宗怀念不已。虽然后宫佳丽几千，却没有一个合他心意的。有人对玄宗说，寿王李瑁的妃子杨玉环的美貌举世无双。后来，玄宗见到杨氏，十分喜爱。

玄宗让杨玉环假称皇帝之意，请求去做女道士，号“太真”，然后偷偷来到宫中。太真体态丰满，容貌娇艳，通晓音律，生性机警，十分善于逢迎玄宗的心意。不到一年，玄宗对杨玉环的宠爱就如武惠妃一样，宫中都称她为“娘娘”，对待礼仪与皇后相同。

天宝四年（公元745年）八月，玄宗册封杨太真为贵妃，赐她父兄很高的官职，杨贵妃的3个姐姐也都赐予京师的宅第。杨贵妃深受玄宗宠爱，每次骑马，高力士都为她拿马鞭牵辔头，专门为杨贵妃绣织衣服的工匠就有700人，朝廷内外争着进献器物、衣服和珍宝。

天宝五年（公元746年），杨贵妃因为嫉妒、泼悍、无礼，玄宗很恼怒，就下令把她送回她哥哥的家里。结果一整天，玄宗都怅然若失，到了中午还不吃饭，左右侍从总是不合心意，屡屡被鞭笞捶打。高力士想试探玄宗的心意，就请求把贵妃院中储备的器物送给贵妃，总共装了100多车，玄宗又把自己吃的食物赐给贵妃。到了晚上，高力士跪下上奏，请求迎接贵妃回来，于是打开宫门让贵妃入宫。从此，杨贵妃所受宠爱更深，后宫没有人能比得上。

▲《杨贵妃上马图》，现藏于美国波士顿艺术博物馆

天宝九年（公元750年）二月，杨贵妃又违背了玄宗的心意，再次被送回杨家。户部郎中吉温让宦官对玄宗说：“妇道人家见识短浅，违背圣上的心意，陛下何必吝啬宫中一席之地，不让她死在宫里，而忍心让她在宫外受辱呢?”玄宗也后悔了，就派宦官把自己吃的饭赐给贵妃。

杨贵妃哭着对宦官说：“我罪该万死，有幸陛下不杀我，让我回家。我现在要永远离开宫阙，金玉、珍宝、玩物都是陛下赏赐的，不值得献给陛下，只有头发是父母给我的，胆敢献给陛下，表达我的真诚。”于是剪下一束头发献给玄宗。玄宗立刻派高力士把她接回宫中，从此更加宠爱她。

▲《杨玉环奉诏温泉宫》壁画，描绘了唐玄宗李隆基在骊山温泉宫召见杨玉环的夜宴盛况，反映了唐朝宫廷生活的一个侧面，由此可以看到开元天宝年间的政治、经济、文化的鼎盛景况

安史之乱

描绘安禄山跳舞的古代壁画

唐玄宗晚年好大喜功，为了开疆拓土，任用了一批少数民族将领，安禄山就是其中的一个。

安禄山是个胡人，他早年当过市场的牙郎（相当于今天的经纪人）。后来，他投入唐朝北方的边防军中，因作战勇敢，多次受到嘉奖。渐渐地，安禄山引起了玄宗的注意。不久，安禄山被任命为平卢节度使。后来，他又兼任范阳、河东节度使，掌握几十万军队的兵权。

安禄山能言善辩，非常善于和人打交道。加之体态肥胖，貌似忠厚，因而有着很好的人缘，凡和他交往过的人都夸奖他忠厚、老实。消息传到玄宗耳中，他对安禄山的印象越来越好了。

安禄山很会讨玄宗的喜欢。玄宗好战，他便多次兴兵攻打国境边的少数民族；玄宗身边的人，安禄山必然重金收买，让他们在玄宗面前说自己的好话；他还令心腹常驻京城，摸清玄宗的心意加以迎合。

一次，安禄山入京觐见玄宗。玄宗见他大腹便便，便开他的玩笑，指着他的肚子问道："你的肚子里都有些什么东西，怎么那么大？"安禄山一本正经地回答："没有什么东西，只有对陛下的一颗赤诚之心。"玄宗听后非常高兴。

边防大将手握重兵，很容易引起他人的猜忌，安禄山便有意装成一副傻乎乎的样子。玄宗命他去拜见太子，安禄山见后却不下跪，左右的人都催促他行礼，安禄山问道："我是胡人，不懂朝廷的规矩，不知太子是什么官？"玄宗说："太子就是将来的皇上，朕去世后，就是他统治你们。"安禄山这才跪拜，说道："我愚蠢，过去只知有陛下一人，不知还有太子。"玄宗听后，觉得他实在忠诚得可爱，便更加宠爱他了。

玄宗允许安禄山可以随时出入皇宫，于是安禄山乘机提出做杨贵妃的干儿子，玄宗同意了。这以后安禄山再见皇上和贵妃时，必然先拜贵妃。玄宗心中疑惑，便问他为何先拜贵妃。安禄山这样回答："我们胡人的习惯是先母后父。"玄宗见安禄山把自己和贵妃看作父母，心中十分高兴，便加封安禄山为东平郡王。

起初，安禄山对玄宗百般迎合，为的是加官晋爵。加封郡王后，安禄山位极人臣，便开始不满意为人臣子的身份了。加上他多年来往返边疆中原，十分清楚中原兵力衰弱的情况，逐渐产生了夺取天下的野心。

安禄山开始秘密扩充军队，他提拔了史思明、蔡希德等一批猛将，手下将领被封为将军的有上千人，以此来收买人心。他任用汉族的读书人高尚、严庄等人帮他出谋划策，充任谋士。安禄山还从边境各少数民族中挑选了8000名勇士，收为义子，组成了一支精锐部队。

唐玄宗对安禄山的反常举动也有所耳闻。李林甫死后，继任的宰相杨国忠便多次说安禄山要谋反。

唐玄宗知道杨国忠与安禄山一向不和，便不加理睬。玄宗担心安禄山知道这事后会心怀不满，为了表示自己的信任，玄宗反而多次重赏安抚安禄山。

杨国忠也不是个好人，他说安禄山的坏话是因为二人有矛盾。杨国忠见玄宗不相信自己，便开始寻找机会证明自己正确。他对玄宗说：“陛下可以试召安禄山入朝，他一定不敢来。”于是玄宗派人召见安禄山，安禄山听到命令后，立即来朝。

安禄山一见到玄宗，就哭了起来。他说：“我是一个胡人，多亏了陛下的提拔才有了今天的地位。杨国忠和我有矛盾，他迟早会害死我的。”玄宗听了心生怜爱，从此更加信任安禄山了。

面对杨国忠的步步紧逼，安禄山也加紧了谋反的步伐。天宝十四年（公元755年）二月，安禄山上书请求以少数民族将领来代替戍边的汉人将领，谋反之心已昭然若揭了。

此时，玄宗再想让他入朝，他推说有病，拒不入朝。对待玄宗派来的使者，安禄山也没有了先前的尊敬。玄宗这才相信安禄山有了反心，但他也拿不出一个应对的办法来。

十一月，安禄山假造玄宗诏书，声称要入京讨伐杨国忠，在范阳起兵。

安禄山反叛的消息传到都城长安，玄宗和大臣大惊失色。只有杨国忠洋洋得意：“我早就说过安禄山要谋反，这下大家相信我了吧。”

安禄山的军队一路南下，势如破竹。朝廷命令各地招募军队，匆忙应战。招募的军队大都没有经过军事训练，面对如狼似虎的叛军，一经交战，纷纷败退，黄河以北的州郡大都投降了叛军。不久，东都洛阳也被攻陷。

唐朝军队退守潼关，准备据险死守。潼关在长安的东边，是都城长安的门户，那里形势险要，道路狭窄。而这时，安禄山正准备在洛阳称帝，暂时不再进攻。唐朝军队才有了喘息的机会。

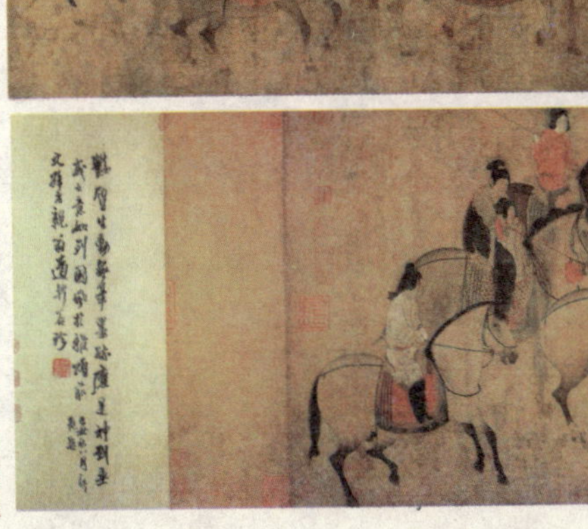

▶《虢国夫人游春图》，图中描绘了唐玄宗宠妃杨玉环的姐姐虢国夫人春日出游的场面。后世多将唐开元盛世的衰落与杨姓的专权联系起来，杨玉环自然也就成了误国的祸水

负责镇守潼关的大将是久负盛名的将领哥舒翰，他也是一个少数民族将领。然而哥舒翰此时已得重病，不能亲自指挥，由手下将领代掌军令。但手下的将士互不服气，你争我斗，影响了军队的战斗力。

当时，人们都认为安禄山起兵是因为杨国忠的骄横，无不对杨国忠切齿痛恨。手下劝哥舒翰，让他上表请求玄宗杀掉杨国忠。哥舒翰以为大敌当前，不应先起内讧，就没有答应。哥舒翰每日坚守，拒不出战，他想利用潼关险道挫伤敌军的士气，然后等待叛军生了内乱再一举出击。

哥舒翰不战不攻的行为引起了玄宗和杨国忠等人的猜忌，杨国忠更是以为哥舒翰此举的目的在于对付自己。他屡次向玄宗进谗言，说哥舒翰的坏话，怂恿玄宗命令哥舒翰进攻敌军。玄宗听信了杨国忠的鬼话，屡次三番派监军宦官去催促哥舒翰出兵。哥舒翰没有办法，只能带兵出关。不料，中了敌军的埋伏，大败，哥舒翰也被叛军活捉，潼关失陷。

潼关失守，直接威胁到唐都长安，朝中一片混乱。杨国忠提议玄宗到四川避难，玄宗同意了。

第二天一早，玄宗带领后宫妃嫔和杨国忠等心腹官员，在禁卫军的护卫下，偷偷出城西逃，撇下文武百官和满城的百姓。皇帝的出逃使得长安城中乱成一团，安禄山的叛军未遇抵抗便进入长安。叛军进入长安后，大肆掳掠，长安城火光一片。

玄宗等人逃至一个叫马嵬坡的地方，禁卫军发生了兵变。他们杀死了杨国忠，胁迫玄宗赐死了杨贵妃。在这里，玄宗与太子分手，并禅位给太子。太子北上灵武，在那里即位，史称唐肃宗。而玄宗则逃到了四川。

▶唐朝大将郭子仪（上）和李光弼（下）

玄宗仓皇出逃的同时，北方的战局发生了巨大的变化，唐朝大将郭子仪、李光弼等人四处攻袭，切断了叛军的归路；颜真卿等地方官员坚守城池，不让叛军扩大地盘。特别是肃宗在灵武即位后，各地援军蜂拥而至，军势大振，人们又看到了唐朝复兴的希望。

肃宗手下有个谋士，名叫李泌，此人才学超群，肃宗对他言听计从。他向肃宗献计：以郭子仪、李光弼两支军队牵制长安和洛阳的叛军，然后交互攻击，使叛军在长达千里的战线上互相驰援，首尾不得相顾，然后再派一支军队攻袭叛军的老巢范阳，切断叛军归路，最后集结兵马在长安、洛阳一带聚歼叛军。

而此时，叛军的形势却极为不利：叛军虽然攻占了长安和洛阳，但战线过长，再也无力组织进攻，唐朝军队主力未失，并在郭子仪、李光弼等人的组织下，战斗力日益提高。此外叛军内部人心不稳，不少人投降了唐军。不久，安禄山的儿子安庆绪在谋士严庄的怂恿下，杀死了安禄山并取代其地位。这样一来，叛军各路人马更是群龙无首，各自为战。

在这种情况下，肃宗改变了原定的战略方案，决定先收复两京。他命太子借来回纥兵，在回纥的帮助下，唐朝很快收复了两京。收复两京对稳定政局、人心起到了巨大的作用。但同时，肃宗没有按照李泌的计策切断敌军的后路，使叛军得以逃回北方老巢，这不仅给史思明再次叛乱提供了条件，同时给后来藩镇割据埋下了伏笔。

肃宗曾在朝廷上讨论过如何处理投降叛军官吏的问题，大臣们说法不一，有人主张严办，有人主张宽大处理，一连争论了几天。有一个大臣进言说："如果将投降官吏一概处死，恐怕有失仁慈。再说河北地区还未平定，还有很多投降叛军的官吏，如果能够执行宽大的政策，就为那些叛官打开了一条自新之路。如果将他们全部杀死，就会坚定叛臣的反抗心。"肃宗最后同意了他的意见，决定执行宽大处理的政策。

▼《明皇幸蜀图》。图中描绘了唐玄宗李隆基为避安史之乱，行于蜀中的情景

这样一来，很多投降了安禄山的官吏又重新归顺了朝廷，大大加快了平定叛乱的步伐。除非罪大恶极，一般投降的官吏都免于死罪。

乾元二年（公元759年），安禄山的部将史思明杀死安庆绪，发动叛乱。这次叛乱又持续几年，在李光弼的率领下，终于在唐代宗宝应二年（公元763年）灭掉了史思明父子，安史之乱最终结束。

马嵬坡兵变

天宝十五年（公元756年）六月，潼关失守，通往京师长安的门户被打开。玄宗得知消息后，惊慌失措，召宰相杨国忠来商议。杨国忠因为自己兼任剑南节度使，事先在剑南储备了物资，这时就劝玄宗去蜀中避难。

十二日，上朝的百官不到十分之二。玄宗登上勤政楼，颁下制书，说想要亲征，听到的人都不相信。

当天，玄宗移居大明宫，命令龙武大将军陈玄礼集结禁军，重重地赏赐金帛，还挑选了900多匹马。这些事外人都不知道。

十三日，天刚刚亮，玄宗只与杨贵妃姐妹、皇子、妃子、公主、皇孙、杨国忠、韦见素、魏方进、陈玄礼以及亲信宦官、宫女从延秋门出发，逃离京城，其他宫外的妃子、公主、皇孙一概弃之不顾。

十四日，玄宗到达马嵬坡，将士们饥饿疲劳，都很愤怒。陈玄礼认为灾祸是由杨国忠造成的，就想杀了他，于是让东宫宦官李辅国把这一想法告诉太子李亨，太子犹豫不决。

一代绝色杨贵妃在此次兵变后无奈地成了政治的牺牲品

恰好有吐蕃的二十几名使者拦住杨国忠的马，对他抱怨没有吃的。杨国忠还没来得及回答，士兵们都大声喊道："杨国忠与胡人谋反！"有人用箭射他，结果射中了马鞍。

杨国忠逃到马嵬驿西门里，士兵追上他把他杀了，将尸体肢解，把首级挂在矛上，插在西门外示众。又杀了他的儿子户部侍郎杨暄与韩国夫人、秦国夫人。

御史大夫魏方进说："你们怎么敢杀宰相？"士兵们把他也杀了。

韦见素听到外面混乱，跑出去看时，被乱兵捶打，头破血流。众人都说："不要伤了韦相公。"把他救了下来，韦见素这才死里逃生。

士兵们又包围驿站。玄宗听到喧哗声，问外面有什么事，左右侍从回答说杨国忠谋反。玄宗走出驿门，慰劳士兵，让他们撤走，士兵们谁都不听。

唐代彩绘武士俑

玄宗让高力士问他们原因，陈玄礼回答说："杨国忠谋反，贵妃不应当再侍奉陛下，希望陛下割爱，把贵妃正法。"

玄宗说："我自会处理。"他走入驿门，拄着拐杖，垂着脑袋站在那儿。

过了很久，京兆司录参军韦谔上前说："现在众怒难犯，安危在顷刻之间，希望陛下赶快决断！"于是跪下叩头，血流满面。

玄宗说："贵妃一直住在禁宫里，怎么知道杨国忠谋反呢？"

高力士说："贵妃确实无罪，但将士们已经杀了杨国忠，贵妃还在陛下左右侍奉，怎么能安心？希望陛下慎重考虑，将士们安心，则陛下安全。"

于是玄宗命令高力士把杨贵妃带到佛堂里，用绳子把她勒死，把尸体抬到驿站的庭院中，叫陈玄礼等人进来察看。

位于陕西省兴平县马嵬坡的杨贵妃墓

陈玄礼等人脱下铠甲，叩头谢罪。玄宗慰劳他们一番，让他们劝告士兵。陈玄礼等人都高呼万岁，拜了两拜出去，开始整顿军队，准备出发。

杨国忠的妻子裴柔与她的小儿子杨晞、虢国夫人及其儿子裴徽都逃走了，逃到陈仓县，被县令薛景仙率领官吏追上抓住，全部处死。

郭子仪收复长安

广德元年（公元763年）吐蕃军队入侵唐朝，边镇将领告急，但是骠骑大将军程元振不向唐代宗禀报。十月，吐蕃军队进犯泾州，泾州刺史高晖举城投降，并为吐蕃军队作向导，引导他们向内地深入。吐蕃军队经过邠州时，代宗才知道这个消息。初二，吐蕃军队进犯奉天、武功，京师大为震惊。代宗下诏任命雍王李适为关内元帅，郭子仪为副元帅，出镇咸阳抵御吐蕃军队的进攻。

郭子仪闲居京师已久，部下早已离散。这时，郭子仪临时招募，征得骑兵20人启程。到咸阳时，吐蕃率领吐谷浑、党项、氐、羌等各族军队20多万人，漫山遍野，前后达数十里，已经从司竹园渡过渭河，顺着山脉向东涌来。郭子仪派遣判官中书舍人王延昌入朝奏报军情，请求增兵支援。程元振阻拦，王延昌竟然没有被代宗召见。

初四，渭北行营兵马使吕月将率领精锐部队2000人，在盩厔的西面打败了吐蕃军队。初六，吐蕃军队进攻盩厔，吕月将再次与敌军拼死作战，士兵全部战死，吕月将也被吐蕃军队俘虏。

代宗正在操练军队，这时，吐蕃军队已经跨过便桥。代宗临事仓促，不知所措。初七，代宗逃往陕州，官吏躲藏逃窜，禁军部队则一哄而散。郭子仪闻听此事，急忙从咸阳赶回长安。当他回到长安时，代宗已经走了。

代宗才出宫苑门，渡过浐水，射生将王献忠就率领400骑兵返回长安反叛，胁迫丰王李珙等十王西迎吐蕃。当他们走到开远门内时，遇上郭子仪。郭子仪大声呵斥，王献忠跳下马来，跟郭子仪说道："如今皇上已经东迁，国家无主，您身为元帅，皇上的废立就在于您一句话了！"郭子仪没有回答，李珙上前说道："你为什么不说话！"郭子仪训斥了他们一番。

代宗逃到华州，华州官吏都已逃散，无人接待供奉，随从将士不免挨饿受冻。正好宦官鱼朝恩带领神策军从陕州来迎接，代宗才平安抵达陕州。

代宗逃走后，吐蕃进占长安，高晖和吐蕃大将马重英等人拥立已去世的邠王李守礼的孙子李承宏为皇帝，改年号，设置百官，任用前翰林学士于可封为宰相。吐蕃在长安抢掠官府仓库、市里民舍，焚烧房屋，长安城被洗劫一空。

郭子仪见代宗已离开长安，就向东去征募士兵。郭子仪经过蓝田时，遇上元帅都虞候臧希让、凤翔节度使高升，得到士兵近千人。郭子仪怕溃逃士兵到达商州会扰乱人心，指派王延昌直接赶到商州安抚。商州的将领正放纵士兵抢掠，听说郭子仪要来，都十分欢喜，表示愿意接受命令。

郭子仪怕吐蕃攻逼代宗，在七盘驻守了3天才向商州进发。沿途收罗散兵，加上会合了武关防守士兵，到达商州时，已有兵士4000人。郭子仪在商州流着眼泪晓谕将士，共同洗雪国家耻辱，收复长安，将士十分感动，都表示服从指挥。郭子仪请太子宾客第五琦为粮料使，负责供给军粮。

代宗派人送诏书给郭子仪，想召见他，并称怕吐蕃东出潼关。郭子仪上表说："我不收复京城，就没有面目见陛下。如果我从蓝田出兵，吐蕃肯定不敢向东进犯。"

这时，鄜坊节度判官段秀实已劝说节度使白孝德领兵前来解救危难。白孝德领兵大举进攻，向南攻取京城周围地区，与蒲州、陕州等州兵会合。

吐蕃在扶植了广武王李承宏后，想劫掠长安城中的士、女、工匠等，收兵回国。郭子仪派左羽林大将军长孙全绪带领200名骑兵出蓝田察看吐蕃军情。长孙全绪到达韩公堆后，白天击鼓，在四下树立旗帜，晚上在各处燃起火堆，以使吐蕃生疑。

▲唐长安城古迹

前光禄卿殷仲卿聚集了近千人，保卫蓝田，与长孙全绪相互配合，并派了200多名骑兵渡过了浐水。吐蕃感到害怕，老百姓又骗他们说："郭令公从商州带来了数不清的大军。"吐蕃信以为真，开始慢慢退兵。长孙全绪派射手将王甫进入长安城，暗地里结集了几百名少年，夜里在朱雀街敲鼓呐喊。吐蕃惊恐害怕，第二天全部逃走。高晖知道后，带领部下向东逃，逃到潼关时，被守将李日越抓获并杀死。至此，郭子仪大军收复了长安城。

李愬雪夜袭蔡州

唐宪宗元和十二年（公元817年），李愬谋划讨伐蔡州节度使吴元济。李愬上表请求补充兵员，宪宗将昭义、河中、鄜坊三地的步骑2000人拨给他指挥。二月二十六日，李愬派军士马少良带10多个骑兵作前卫进行巡逻，碰巧遇上吴元济的虞候丁士良，双方打起来，活捉了丁士良。大家要求将丁士良剖腹挖心，李愬同意了。不一会儿他把丁士良叫进来进行审问，丁士良毫无惧色。李愬说："真是条汉子啊！"便叫人解除了丁士良的绑缚。丁士良自言自语道："我原本不是淮西叛军将佐，德宗中期任职安州，与吴元济作战，被他俘虏，自以为要死，而吴元济释放了我，并予以重用，我因吴氏死里逃生，所以为吴家父子效力。昨日力量薄弱，又为您所俘，也应该处死，今天您又给我一条命，我将誓死以报恩德。"李愬于是发给他军服、武器，留用为捉生将。

李愬每次获得投降的士兵，都亲自去问寒问暖，由此对于敌方的地形、道路、兵力等情况了解得很清楚。

李愬厚待降将吴秀琳，并与他商议攻打蔡州的办法。秀琳说："您若想攻取蔡州，没有李祐是不行的，我无能为力啊。"

六月初九，李祐领兵到张柴村割麦，李愬把厢虞候史用诚叫来嘱咐说："你带300名骑兵埋伏在张柴村附近的树林中，再派人在树林前面摇动旗帜，好像要烧他的麦垛似的。李祐素来轻视官军，必然带领轻装骑兵来追赶。你便实施伏击，务必活捉他。"史用诚照李愬的指示行事，活捉李祐而回。李愬的部下因李祐以前杀了不少官兵，纷纷要求处死他，李愬不同意，并给李祐松绑，以客礼相待。李祐对李愬说："蔡州吴元济的主力均配置在洄曲，防守城的外围，守蔡州城的都是老弱残兵，可乘虚夺取蔡州。等吴元济的部将知道后救援，吴元济已当俘虏了。"李愬表示赞成。

九月二十七日，李愬令马步都虞候、随州刺史史旻镇守文城，令李祐、李忠义率领3000人为前卫部队，自己与监军领3000人为中央纵队，令李进诚率3000人为后卫部队。部队出发，不知道往哪里去。李愬说："只管向东前进。"走了60里，夜间到了张柴村，将此处哨兵和观察人员全部杀掉。占据了营房，命令部队休息一会儿，吃干粮，整理装具，留义成军500人防守，毁掉洄曲和通往蔡州道路上的桥梁。夜里又率部出发，各将领请示往哪里前进，李愬说："到蔡州活捉吴元济！"各将领听后都大惊失色。这时风雪大作，刮破了旗帜，冻死的人沿路可见。天色阴暗，从张柴村往东的道路部队都没有走过，

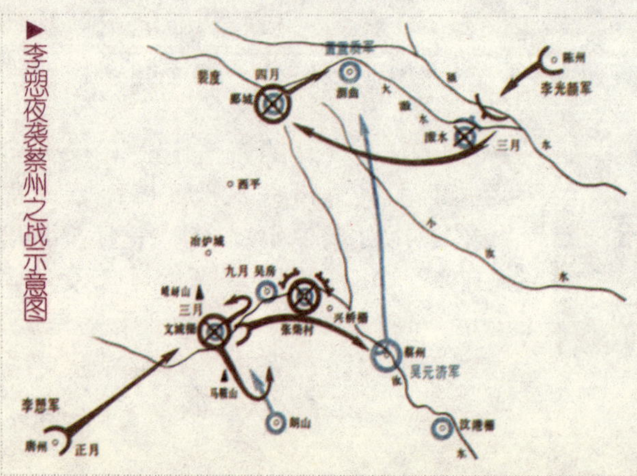

李愬夜袭蔡州之战示意图

人人都以为此去必死无疑，然而又害怕李愬，不敢违抗。半夜，雪下得更大，走了 70 里到了蔡州城。城的附近有养鹅鸭的池塘，李愬叫部队击打鹅鸭鸣叫以掩护部队的行动。

自从吴少诚（吴元济的父亲）抗拒朝廷以来，官军已有 30 多年没到蔡州城了，因此蔡州城毫无防备。

二十八日四更时，李愬的部队迫近城下，没有一人知道。李祐、李忠义挖城墙，筑梯坎登城而入，部队跟进。此时守门的卫兵还在熟睡，全被杀掉，只留下打更的人继续打更。于是入城的部队打开城门让后续部队进城，进到内城也是这样，城中毫不知觉。天亮鸡鸣，雪已停了，李愬进到吴元济的外宅。有人报告吴元济说："官军到了！"吴元济还在睡觉，笑着说："是被俘囚犯在偷东西！天亮后一定要全部杀掉。"又有人报告说："城失陷了！"吴元济说："这必定是洄曲部队来这里要棉衣的。"说完起了床，在院子里听到李愬的部队号令说："常侍传话。"应声者万余人。吴元济这才开始恐惧起来，说："什么样的常侍，能到这儿来！"于是便率领部队上牙城抵抗。李愬派李进诚攻打牙城，毁坏外门，占领军械库，缴获了器械。

二十九日，又开始进攻，火烧南门，老百姓争先恐后背柴草协助烧城，射到牙城上的箭像刺猬的毛一样密集。黄昏时候，攻破城门，吴元济在城上被迫投降请罪，李进诚搭上梯子让他下来。

三十日，李愬用囚车将吴元济送往长安，等待朝廷发落。

韩愈直谏

唐宪宗晚年喜欢神仙不老之术，颁诏在全国寻求方术之士。宗正卿李道古先前担当鄂岳观察使，以贪婪残暴闻名，担心终究要被治罪，寻求向皇上献媚的办法，于是通过皇甫镈推荐山人柳泌，说他能够制作长生的药物。宪宗颁诏让柳泌住在兴唐观中炼制药物。

柳泌向宪宗进言说："天台山是神仙聚集的地方，有许多灵草，虽然我能够识别，但是没有力量将它们弄到手。如果我能够去做那里的长官，可能会找到它们。"宪宗相信了他的话。

元和十三年（公元 818 年）十一月初七，宪宗让柳泌权且代理台州刺史，还赐给他金鱼袋和紫色的朝服。谏官争着议论上奏，认为："君主喜欢方士，但还没有让方士治理百姓、处理政务的先例。"宪宗说："烦劳一个州的力量就能够为君主带来长生，做臣子的又有什么可吝惜的呢！"从此，群臣都不敢谈论此事了。

元和十四年（公元 819 年）正月，宪宗使人将佛骨迎接到京城，宪宗让佛骨在宫禁中停留了 3 天，然后遍送各寺。上自王公，下至士子与庶民，人人瞻仰供奉，施舍钱财，唯恐不能赶上。有人将全部家产充当布施，也有人在上肢与头顶上点燃香火供养佛骨。

刑部侍郎韩愈上表直言进谏，他认为："佛，是异国的一种法而已。由黄帝到夏禹、商汤、周文王、周武王，都年高寿长，百姓安宁快活，那个时候，是没有佛的。东汉明帝时期，开始有了佛法。此后，中国变乱危亡接连不断，朝廷的命运与福气都不甚久长。宋、齐、梁、陈、北魏以后，对佛的侍奉逐渐恭敬起来，而这些朝代存在的年代尤其短促。只

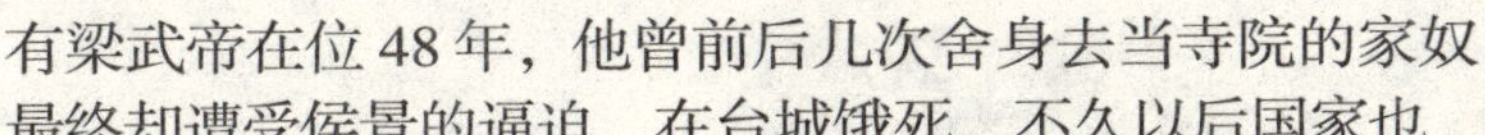

有梁武帝在位48年，他曾前后几次舍身去当寺院的家奴，最终却遭受侯景的逼迫，在台城饿死，不久以后国家也灭亡了。侍奉佛是为了祈求福缘，但梁武帝却反而招致了祸殃。由此例看来，佛不值得使人相信，也是清楚可见的了！百姓愚昧无知，冥顽不化，容易受到迷惑，难以晓谕开导，如果看到陛下都这样去做，都说：‘天子尚且专心一意地敬佛信佛，我们老百姓低微下贱，对待佛难道还能够顾惜性命吗？’佛本来就是异国人氏，口中不讲先代帝王留传下来的合乎礼法的言论，身上不穿先代帝王规定下来的标准的中国服装，不懂得君臣之间的大义，不明白父子之间的恩情。假如佛本身尚在人世，接受本国的命令前来京城朝拜，陛下宽容地接待他，只不过在宣政殿见他一面，在礼宾院设上一宴，赐给他衣服一套，派人护卫他走出国境，是不会让他迷惑众人的。何况佛本身久已故去，剩下来的枯朽的骸骨怎么宜于将它请进宫殿！古代的诸侯在国内举行吊唁，还要率先用桃树编织的扫帚去驱除不吉祥的鬼魂，现在陛下没由来地拿腐朽秽浊的东西亲自观看，事先不让巫师降神祈福，不用桃树编织的扫帚除凶去垢，群臣不议论这种做法的错误，御史不纠举这种做法的罪责，我实在为此感到羞耻！请求陛下将此佛骨交付给相关的部门，将它丢到水里火里消灭掉，永远断绝此事的本源，切断天下的疑问，杜绝后世的迷惑，使天下的人知道大圣人做出的事情，超过平凡人物的千万倍，这难道不是盛大的事情吗！如果佛有灵性，能够制造祸福，一切灾殃与罪责都加在我的身上好了。”

◀韩愈画像

◀唐朝迎奉佛骨时的盛况

宪宗看完奏表，非常恼怒，拿出来给宰相们批阅，准备以最严厉的刑罚处治韩愈。裴度与崔群为韩愈进言说：“韩愈虽然狂妄，但他所言发自内心的忠诚，陛下应当对他宽容，以开通言路。”于是，宪宗将韩愈贬为潮州刺史。

▶潮州早春的韩愈祠

甘露之变

描绘晚唐时期宫廷生活的画卷

唐文宗大（太）和九年（公元835年）九月，文宗任命兵部郎中知制诰、充翰林侍讲学士李训为礼部侍郎，朝政大事全由他决断。宰相王涯等人对他阿谀逢迎，唯恐不合他的心意。

李训虽然是通过郑注而被提拔的，但等他的权势地位兴盛时，心里又十分忌妒郑注。他谋划诛除宦官，希望朝廷外有势力相呼应，所以让郑注出任凤翔节度使。然后准备等诛除宦官后，连郑注也一起除掉。

郑注和李训谋划，等郑注到凤翔上任以后，挑选几百名壮士，每人带一根白色棍棒，怀藏利斧，作为亲兵。

二人约定，朝廷将在浐河旁安葬宦官王守澄，到时候，由郑注奏请文宗批准率兵护卫葬礼，于是便可带亲兵随从前往。同时奏请文宗，命神策军护军中尉以下所有宦官都到河旁为王守澄送葬。届时，郑注下令关闭墓门，命亲兵用利斧砍杀宦官，全部诛除。

计划已经约好，李训又和他的同党密谋说：“如果这个计划成功，那么，诛除宦官的功劳就全部归于郑注，不如让郭行余和王璠以赴邠宁、河东上任为名，多招募一些壮士，作为私兵，同时调动左金吾卫大将军韩约统领的金吾兵和御史台、京兆府官吏和士卒，先于郑注一步，在京城诛除宦官，随后，把郑注除掉。”

十一月二十一日，文宗驾临紫宸殿。韩约上奏说：“左金吾衙门后院的石榴树上夜里有甘露降临。”于是宰相率领百官向文宗祝贺。

李训趁机劝文宗亲自前去观看，文宗应允。百官退下，列班于含元殿。文宗乘软轿出紫宸门，到含元殿升朝，先命令宰相和中书、门下两省的官员到左金吾后院察看甘露，过了很久才回来。李训奏报说：“我和众人查看，不像是真的甘露。”文宗说：“怎么会有这种事？”于是命令左、右神策军护军中尉仇士良、鱼志弘率领各位宦官，再次前往左金吾后院察看。众宦官走后，李训急忙召郭行余、王璠，说：“来接受圣旨！”王璠两腿发抖，不敢上前，只有郭行余一人拜倒在含元殿下接旨。

这时，郭行余、王璠的部下有几百人，都带着兵器，站在丹凤门外等候命令。李训已经先派人去叫他们，让他们进来接受敕令。结果，只有郭行余率领的河东兵来了，王璠率领的邠宁兵竟然没有来。

仇士良率领宦官们到左金吾后院去察看甘露，韩约汗流满面，脸色都变了。仇士良十分奇怪，问："将军这是怎么了？"过了一会儿，一阵风把院子里的帐幕吹了起来，仇士良看见很多拿着兵器的士兵，又听到兵器碰撞的声音。仇士良等人惊骇不已，急忙往外跑。守门的卫兵正要关门，仇士良大声呵叱，门闩没有关上。

▶唐文宗李昂

仇士良等人急奔含元殿，向文宗报告发生兵变，被李训看见。李训急呼金吾士卒说："快来上殿保护皇上，每人赏钱百缗！"宦官对文宗说："事情紧急，请陛下赶快回宫！"随即抬来软轿，迎上前去搀扶文宗上轿，冲断殿后面的丝网，向北急奔而去。李训拉住文宗的软轿大声说："我奏请朝政还没有完，陛下不可回宫！"

这时，金吾兵已经登上含元殿。同时，罗立言率领京兆府担负巡逻任务的士卒300多人从东边冲来，李孝本率领御史台随从200多人从西边冲来，一齐登上含元殿，击杀宦官。宦官血流如注，大声喊冤，死伤十几个人。文宗的软轿一路向北进入宣政门，李训拉住软轿不放，呼喊更加急迫。文宗呵斥李训，宦官郗志荣乘机挥拳奋击李训的胸部，李训被打倒在地。

文宗的软轿进入宣政门后，大门随即关上，宦官都大呼万岁。这时，正在含元殿上朝的百官都大吃一惊，四散而走。李训知道计划失败，骑马而逃。

仇士良等宦官知道文宗参与了李训的谋划，非常怨愤，出语不逊。文宗羞愧畏惧，不敢再说话。仇士良等人命令左、右神策军副使刘泰伦、魏仲卿等人各自率领500精兵，拿着刀从紫宸殿冲出去讨伐贼党。

仇士良等人部署兵力，关闭各宫门，搜查各司衙，捕捉贼党。各司的官吏卫士以及正在里面卖酒的百姓商贾，共有1000多人，全部被杀，横尸流血，满地狼藉。各司的大印、地图和户籍档案、衙门的帷幕及办公器具都被抢掠一空。

李训一向与终南山的僧人宗密关系亲近，所以前去投奔。宗密想为李训剃发，装扮成僧人藏于寺院中，他的徒弟都认为不妥。李训只好出山，打算逃奔凤翔投靠郑注，不料途中被捉，被戴上镣铐，押送到京城。

走到昆明池，李训担心到神策军后会受到严刑拷打，就对送他的人说："抓住我的人一定可以得到荣华富贵。我听说禁军到处搜捕，他们肯定会从你们这儿把我夺走，不如拿我的首级送到京城！"押送他的人听从了，斩下李训的首级送往京城。李训等人的亲戚，无论亲疏老幼，全部被诛杀。

仇士良等人派人携带文宗的密敕，授予凤翔监军张仲清，命令他诛杀郑注。郑注倚仗自己拥有亲兵，对此并没有怀疑，径直进入凤翔城中见张仲清。李叔和把郑注的亲兵引到门外，款待酒食，只有郑注和几个随从进入监军使院。郑注刚刚喝完茶，就被李叔和抽出佩刀斩首，然后立刻关闭大门，把郑注的亲兵全部诛杀。张仲清出示文宗的密敕，向将士们宣示。于是诛灭郑注家族。

朱温篡唐

◀朱温原是黄巢手下大将，后灭唐自立为帝

朱温是五代十国中后梁的开国皇帝，也是中国历史上以卑微出身当上皇帝的极少数的人之一。

朱温本生于书香门第，只可惜早年丧父，因此，朱温很小的时候就随母亲一起到地主家当奴才，经常被人打骂、瞧不起。在这种环境下长大的朱温，渐渐成了一个不务正业、见风使舵而又野心勃勃的泼皮无赖。

唐朝末年，黄巢举兵起义。朱温见时机来临，便投奔了黄巢，并在战争中屡次立功，深得黄巢信赖。然而朱温为了自己的前程，最终出卖了黄巢，投降了唐朝廷。

唐僖宗见朱温较为乖巧，又善于打仗，便赐给他"全忠"的名字，还给他封官晋爵，让他前去镇压黄巢起义。朱温则利用这次机会，大肆培植自己的势力，扩张自己的地盘，将徐州、兖州、郓州等地方据为己有，这样他就与大军阀李茂贞、李克用平起平坐。三人为了一争高下，整日你打我杀，搞得天昏地暗。

这样过了几年，后来的皇帝唐昭宗被李茂贞挟持到凤翔。朱温以此为借口，同当朝宰相崔胤相勾结，出兵讨伐李茂贞，最终大获全胜。

朱温将昭宗挟往长安，控制了朝廷。由于当时唐朝宦官当政现象严重，朱温对宦官们早已恨之入骨。于是他趁这次机会，以皇帝诏书的名义，将朝廷内外的宦官一网打尽，扫清自己仕途上的一大障碍。

唐昭宗则念朱温"护驾"有功，将他封为梁王。崔胤仍做他的宰相。这样二人一里一外，狼狈为奸，党同伐异，残酷地杀死了难以计数的忠于唐昭宗的大臣，彻底地孤立了唐昭宗。唐昭宗眼看着朱温势力扩大，悔之已晚，只能委曲求全。唐昭宗有一个心腹，名叫韩偓，是个有名的贤臣。朱温恨不得除之而后快。唐昭宗看在眼里，无以为计，只好不情愿地将韩偓贬为地方官，让他远离长安。可见朱温真是权极一时。

朱温的飞扬跋扈使他的对头李克用气愤异常，也引起他的同党崔胤的不满，二人之间出现了裂痕。崔胤不愿受朱温的支配，因此决定培植自己的军队。

崔胤招兵的消息很快被朱温知道了。崔胤明着告诉他招兵是为了对付李茂贞和李克用，可朱温心里清楚，崔胤真正针对的是他。狡猾的朱温并不作声，还称赞崔胤做得好，背地里却在想着如何除掉崔胤。

朱温先是在崔胤招兵的时候，悄悄地命令自己的一些心腹扮成平民前去应征，混入崔胤的军队里充当密探，随时将崔胤的情况一五一十地告诉他，使崔胤的一举一动都在他的控制之下。然后他偷偷地到皇帝面前告状，说崔胤专权乱国，离间君臣。还指出了他的几个帮凶，要求将他们一并处死。唐昭宗早已成为朱温掌中之物，又怎能不言听计从呢？于是，崔胤还没弄明白是怎么一回事，就已成了刀下之鬼。

朱温在铲除朝廷内部的异己时，李茂贞等地方上的势力早已摩拳擦掌，伺机进攻朱温。朱温怕混战中出乱子，所以借口李茂贞逼近京城，让唐昭宗迁都洛阳。实际上，朱温的真正企图是趁此机会将昭宗软禁在洛阳，以便自己更好地控制他。昭宗深知朱温的这一用意，但慑于他的威力，也不敢违抗，只好上路了。

为了打消昭宗重回长安的念头，朱温不顾背上千古罪人的恶名，将长安的宫室、民宅以及一切建筑，全都夷为平地，使繁华的长安城一夜之间变成了一片废墟。

昭宗被迫来到洛阳。朱温开始将昭宗身边的人一一除掉，换上自己的心腹。朱温集军政大权于一身，根本不把傀儡皇帝放在眼里。昭宗深知自己身陷洛阳，皇位和性命均难保，但他更加担心家人的安全，尤其是自己最喜爱的儿子德王李裕的安全。因为李裕已长大成人，对朱温篡夺帝位是一个直接威胁，狠毒的朱温迟早会对他下毒手。

昭宗的担心不无道理。朱温虽然将昭宗控制于股掌之间，但他毕竟作贼心虚，所以整日也是提心吊胆，怕昭宗杀了他。昭宗召开宴会，他都不敢去。渐渐地，这种恐惧愈演愈烈，加上李克用、李茂贞等地方军阀已经暂时联合起来，要大举进攻朱温，朱温怕昭宗趁势生变，破坏了他当皇帝的美梦，于是便起了杀害他的念头。

早些时候，朱温将自己的亲信蒋玄晖安插在昭宗身边，作为密探。这时，朱温同蒋玄晖商议杀害昭宗。他们选择了一个深夜，蒋玄晖派部下史太前去执行。史太敲响了宫门，谎称有急事禀报皇帝。夫人裴贞打开宫门看见士兵，问道："有急报为什么要带兵？"史太将她杀死，接着杀气腾腾地闯入内室，毫不犹豫地抓住企图逃命的唐昭宗，一剑结果了他的性命。何皇后吓得蜷缩在角落里，以孩子尚小为由苦苦哀求蒋玄晖饶她一命。蒋玄晖终于不忍，提剑而去。

朱温杀死昭宗以后，宫内的人士吓得大气都不敢出，更不用说失声痛哭了。而朱温则当众演戏，他先是装作毫不知情，听到昭宗被杀的消息后，他当场倒在地上，捶胸顿足，痛哭流涕，并且伏在棺材上久久不肯离去，以示对皇帝的"忠心"。

私下里，朱温则为自己旗开得胜而窃喜不已，并忙活着处理善后事宜。他将弑君的罪名嫁祸给夫人裴贞，又让李祚继承皇位，这就是唐哀宗。接着就大举捕杀昭宗的家属、族人和亲信，以彻底铲除后患。

昭宗一共有 9 个儿子，他们对朱温杀死自己父亲的逆举自然恨得咬牙切齿，但又苦于力量不足，敌不过心狠手辣的朱温，暂时奈何不了他。朱温则表面上和和善善，经常请他们一同宴饮。就这样，在一次宴会上，朱温趁他们喝得高兴时，派心腹蒋玄晖将他们一一杀死。

当时朝廷里还有几个世族和科举出身的大臣，朱温对他们也是深恶痛绝，因为他出身不高，少时又不学无术，纯靠钻营取得现在的地位，自然不喜欢这些出身高贵的缙绅之士。朝中还有一些像李振那样屡试进士不第的人，最恨考出来当官的人，他们怂恿朱温尽快将他们一网打尽，这正中朱温下怀。过了一段时日，朱温以彗星出现、天下有灾、必须杀人顺应天变为由，大开杀戒。凡是朝中出身高门或科举及第入仕的官吏不是被杀就是被贬，无一幸免。李振还列了一个黑名单，将 30 多个他最痛恨的朝官，包括当时的宰相裴枢都列在名单上，然后请朱温过目。俩人一拍即合，朱温立即下令将他们全部杀掉。但李振仍然不解恨，他对朱温说："这些人平时以'清流'自居，应该把他们扔到黄河里，让他们做一回'浊流'。"朱温竟欣然应允，真是凶恶、荒唐到可笑的地步。

朱温身边的异己都已经清除得差不多了，剩下的都是他认为没有威胁的人。他开始想着当皇帝，而且急切之情路人皆知。朱温一向视蒋玄晖为自己最信任的心腹，所以找他替自己谋划。本想着大功可以立即告成，谁知蒋玄晖去找当时的宰相之一柳璨商议，柳璨建议朱温当皇帝应该按照古训，一步步地来，不能过于着急。朱温见他的意思没能被正确领会，气得七窍生烟。再加上柳璨是一个阴险卑鄙、杀人不眨眼的奸臣，平时得罪了不少人，所以被人进了谗言，朱温更是厌恶他，欲除之而后快。其实，柳璨、蒋玄晖等并非反对朱温称帝，只是所主张的形式不同而已。正当朱温对他们恨之入骨的时候，他们几个却结成死党，为朱温篡位之事日夜奔劳，极力谋划，全然不知杀身之祸将至。

古人云："欲加之罪，何患无辞?"朱温诛杀他们的借口终于来了。当时哀宗的母亲何太后十分清楚朱温的野心，极怕朱温篡位后母子性命难保，她以前曾求过蒋玄晖放过她的性命，觉得蒋玄晖比较好说话，所以这次她又派两个宫女前去通融，让蒋玄晖答应等哀宗让位之后，保她母子平安。这事被朱温的密探得知，他们添油加醋地密告蒋玄晖等与皇太后一起密谋造反。朱温毫不怀疑，立刻将他们抓起来，将蒋玄晖斩首示众，柳璨、何太后以及相关人员都丧命黄泉。

还是哀宗识时务。他看清形势，觉得自己斗不过朱温，于是决定将帝位禅让给他。

有一次，朱温病倒了，哀宗派御医前去慰问，御医以臣礼相见，完全把他当作皇帝看待。朱温侧过身去，假装没有看见，实际上却在心里窃笑。

过了几天，哀宗正式下诏，将帝位禅让给朱温，这一次朱温却摆起架子，假惺惺地拒绝了。哀宗深知朱温一路打打杀杀，费尽心思，就是为了登上帝位。但是朱温不是那么容易请动的，越是假意推辞，越是来请的人多，就越能显出别人拥他为帝的心情之急切、朱温地位之重要，从而可以去掉篡位的恶名。后来，哀宗下令满朝文武官员三番五次，浩浩荡荡地去梁王府请求朱温登位，各地的官员也急切地督促他，哀宗甚至令百官将国宝送到朱温处。这样折腾了近 3 个月，朱温要足了面子，终于欣喜若狂地穿上龙袍，登上宝殿，并给自己取了一个更威风的名字叫朱晃，改国号为大梁。

唐朝将近 300 年的历史终于划上了句号，五代十国的大分裂时期开始了。而朱温就是后梁太祖，唐哀宗则被封为济阳王，遭到软禁。不久，朱温担心唐哀宗死灰复燃，便将他毒死了。朱温为后梁彻底消除了隐患。

李存勖败梁军

◀后唐庄宗李存勖

后梁太祖开平元年（公元907年）五月，后梁太祖朱温派保平节度使康怀贞率领8万兵马攻打潞州，晋昭义节度使李嗣昭据城坚守。在近一年内，朱温多次走马换将都未能奏效，潞州仍在李嗣昭掌握之中。

开平二年（公元908）正月，晋王李克用病逝，其子李存勖即位。

李存勖召集将领商议，说："上党可是河东的屏障，没有上党就没有河东。而且，朱温只惧怕先王，听说我刚即位，以为小孩子不懂军事，必定会有骄傲怠慢之心。如果我们挑选精兵迅速赶往潞州，出其不意，一定能打败敌军。取威定霸，在此一举，不可错失良机！"

监军张承业也主张出兵。于是李存勖派张承业、判官王缄到凤翔，请求岐王李茂贞支援；又派使者去贿赂契丹首领耶律阿保机，请求派骑兵帮助。

◀后梁开平通宝钱币

五月的一天，晋军到达三垂冈埋伏，趁清晨大雾，向梁军的夹寨发起了进攻。李嗣源从东北角进攻，填埋堑壕，烧毁寨墙，呐喊冲锋。梁军被打得大败，向南逃跑，丧失将士近万人，丢弃大批军械。周德威等到达潞州城下呼喊李嗣昭，说："先王已逝，现在晋王亲自率兵打破了敌军的夹寨，敌军已败逃，可以开城了。"李嗣昭不相信，说："周德威肯定是被贼人俘虏，被派来骗我的。"他想放箭射死周德威，被左右劝止住。

李嗣昭向周德威问道："嗣王果真来的话，可以相见吗？"李存勖就亲自上前。李嗣昭见李存勖穿着孝服，放声大哭，城中的人都流下了眼泪，于是打开城门。

▲后梁遗存《彩绘石散乐浮雕》

原先李嗣昭与周德威有一些矛盾，李克用临死前对李存勖说，要周德威忘记旧怨，李存勖将李克用的遗言转告给周德威，周德威很感动，因此尽力攻打夹寨，与李嗣昭相见后，和好如初。

朱温听说夹寨失守，大惊失色，稍稍定神，长叹道："生子当如李存勖，李克用后继有人了！而我的儿子只是猪狗之类！"

刘知远乘机称帝

当初，后晋出帝与河东节度使、中书令、北平王刘知远相互猜忌，虽然任命刘知远为北面行营都统，但只是虚名罢了，各军的行动实际上他一点儿都不能干预。刘知远因此大量招募士兵，又得到吐谷浑的财产牲畜，于是各藩镇中属河东最为富强，步兵、骑兵多达5万人。

后晋出帝和契丹曾结下怨隙，契丹屡次深入进犯，刘知远全然没有拦击和入援的打算。等到听说契丹已占据大梁，刘知远就分兵守护四方边境来防备侵犯。

刘知远派客将安阳人王峻向契丹进贡物品，正好这时契丹将领刘九一的军队从土门向西进发，屯驻在南川，太原城中的百姓担忧害怕。契丹主颁赐诏书褒奖，诏书拟好后，在送呈契丹主签发的时候，契丹主亲自在刘知远的姓名之上加了一个“儿”字，又赐给他木拐。按照胡人的礼仪，对大臣表示优厚的礼遇，才颁赐木拐，就像汉人颁赐茶几手杖一样。这样的礼遇，只有伟王以叔父的尊贵地位才得到过。

刘知远又派遣北都副留守太原人白文珂献上珍奇的丝织品和名贵的马匹。契丹主知道刘知远观望不到，等白文珂回太原时，契丹主让他告诉刘知远：“你既不奉事南朝，又不奉事北朝，你打算等什么呢？”蕃汉孔目官郭威对刘知远说：“胡虏对我们怨恨很深！王峻说契丹贪婪残暴，失掉人心，一定不能长久占据中原。”

有人劝刘知远起兵扩大地盘，刘知远说："用兵有缓有急，应当因时采取合适的策略。现在契丹刚刚招降了晋国的10万兵马，像老虎一样雄踞着都城，形势没有其他的变化，怎能轻举妄动呢？况且他们所贪图的无非是钱财物品，钱财物品得足了，一定要向北回国的。现在冰雪已消，气候转暖，他们必然难以久留，应等他们退去，再去占领那里，才可确保万无一失。"

◀天龙山顶曾有后汉皇帝刘知远的避暑行宫

昭义节度使张从恩因为地近怀、洛二州，想向契丹朝觐，派使者先去和刘知远商量。刘知远说："我们以一隅之地，怎么敢与偌大的天下抗争！您可先行一步，我当随后就去。"张从恩信以为真。判官高防劝谏道："您身为晋室的懿亲，切不可轻易地改变为臣的气节。"张从恩不听从。左骁卫大将军王守恩和张从恩是亲家，当时在上党。张从恩命副使赵行迁主持留后事务，发公文派王守恩代理巡检使，与高防共同辅佐赵行迁，于是出发。

于是刘知远手下的将佐劝他称皇帝尊号，以便号令四方，看各处诸侯的去向。刘知远不同意。听说后晋出帝北上迁徙，刘知远放出风声要出兵井陉，迎接后晋出帝回晋阳城。二月十一日，刘知远命令武节都指挥使荥泽人史弘肇集合各军到场，公布了出兵的日期。军士们都说："现在契丹攻陷京城，抓走天子，天下已没有君主了。能够做天下君主的，除了我们北平王还有谁！应该先确定皇帝名号，然后再出兵。"于是争着呼喊"万岁"不止。刘知远说："胡虏的兵力还强，而我们的军威还不振，应当先建功业。这些事士兵怎能知道呢！"命左右将佐制止士兵的喧哗。

▶五代时期描绘契丹人生活的《卓歇图卷》（局部）

十三日，行军司马潞城人张彦威等3次上书劝登皇帝位，刘知远迟疑不决。郭威和都押牙冠氏人杨邠入内劝说刘知远道："现在远近的人不谋而合，这是天意啊！如果您不趁这个时候取天下，而谦让不就，只怕人心就要转移，而转移了您就要反受其害了。"刘知远听从了他们的劝谏。

十五日，刘知远正式即皇帝位，就是后汉高祖。刘知远不忍心改晋国号，又讨厌"开运"这个年号，于是改称天福十二年。

郭威瓮中捉鳖

后汉乾祐元年（公元948年），后汉护国节度使李守贞得知杜重威被杀，心里害怕，暗中也萌生了造反的念头。而且，他自以为在后晋担任上将时，立下了赫赫战功，平常又慷慨好施，颇得将士们的拥戴。现在后汉建立不久，皇帝年轻，刚刚即位，执掌朝政的都是资历较浅的后进官员，因此就有了轻视朝廷的想法。

有一个叫赵修己的人，擅长卜筮预测，自从李守贞镇守滑州后，他就署理司户参军，屡次跟随藩镇调动。

赵修己对李守贞说："时运、天命显示目前时机未到，请勿轻举妄动！"前后恳切劝谏多次，李守贞不听，赵修己于是称病，返回家乡。后来，僧人总伦用他的法术讨好李守贞，说他一定会成为天子，李守贞就信以为真。

有一次，李守贞和将领们相聚宴饮，他弯弓搭箭，指着《舐掌虎图》说："我如果有不平常的福分，就当射中它的舌头。"一箭射去，正中舌头，大家都向他祝贺，李守贞更加自命不凡。

赵思绾夺取长安以后，向李守贞奉上表奏，献上御衣，要来依附他。李守贞认为这是天意与人心相契合，于是自称秦王。

后汉听说李守贞自立为秦王，就任命郭威为西面军前招慰安抚使，其他各军都受他调度，让他讨伐李守贞。

到了李守贞的大本营河中城下，众将想要赶紧攻城，郭威却说："李守贞是前朝老将，勇猛善战，慷慨好施，屡次建立战功。况且城池又面临大河，城墙完好，坚固难攻，不可轻视。而且他们在高高的城墙上作战，我们在城下仰面进攻，这和带着士兵自己投进沸水或走上火堆有什么两样呢？不如先设置包围圈防守，切断他逃往外面的通道。我们暂且悠闲地享用后方输送来的物资，吃饱穿暖还有剩余。等到城中粮食吃完，公私物品也都用完，我们再一面攻城施加压力，一面把绑上檄文的箭射进去招抚他们。他们的将士急于脱身逃命，父子之间尚且不能互相保护，何况是乌合之众呢！"

于是征发各州民夫2万多人，让保义节度使白文珂等人率领他们，挖掘长长的壕沟，修筑相连的城堡，布置队伍，把河中城包围起来。

李守贞屡次出兵想突破包围，都战败撤回。派人携带蜡丸密信向南唐、后蜀、契丹求救，也都被巡逻士兵抓获。城里粮食快要吃完了，饿死的人一天比一天多。然而，李守贞仍然无法突破包围，而部下将士投降郭威的却越来越多。

乾祐二年（公元949年）七月十三日，郭威进攻河中城，攻克了外城。李守贞收集残部退守内城。后汉将领请求赶快进攻，郭威说："鸟被逼到无处可逃时还会啄人，何况一支军队？把水抽干了再抓鱼，有什么可着急的！"

二十一日，李守贞见大势已去，与妻儿等人一同自焚而死。

图书在版编目(CIP)数据

资治通鉴:精编普及版/郭漫主编. --北京:航空工业出版社,2007.4(2011.8 重印)
ISBN 978-7-80183-922-0

Ⅰ.①资… Ⅱ.①郭… Ⅲ.①中国历史:古代史—编年体—通俗读物 Ⅳ.①K204.3-49

中国版本图书馆 CIP 数据核字(2011)第 050612 号

资治通鉴精编普及版

Zizhi Tongjian Jingbian Pujiban

航空工业出版社出版发行

(北京市安定门外小关东里 14 号 100029)

发行部电话:010-64815521 010-64978486

北京朝阳新艺印刷有限公司印刷　　全国各地新华书店经售

2007 年 4 月第 1 版　　2011 年 8 月第 8 次印刷

开本:787×1092 1/16　　印张:10 字数:260 千字

印数:43001—48000　　定价:29.50 元